WAC BUNKO

「近くて遠い国」でいい、日本と韓国

渡部昇一 vs 呉善花

ΛC

まえがき

もう二十年以上も前になるが、『スカートの風』が評判になっていた。私も買って読んだ。そして目が醒める思いがしたのである。「このように日本と韓国を見ることのできる韓国人女性がいるのか」と。

そんな時に、徳間書店の岩崎旭氏（現李白社社長）に彼女との対談企画をいただいたのである。私は二つ返事でお受けした。それは、『日本の驕慢《おごり》　韓国の傲慢《たかぶり》』として出版された。いまの読者の方にはわかりにくくなっていると思うが、当時のジャーナリズムとかマスコミでは、中国や北朝鮮や韓国についてはかなり強いタブーがあって、なかなか本当のことは言えなかったのである。NHKでも朝日新聞でも必ず「北朝鮮民主主義人民共和国」と言わされ、書かされていた時代である。

そんな時代に、呉さんも私も極めて率直に語り合った。あとで聞くと、これを担当した岩崎氏は出版部の方から、かなりの部分を削除する必要があるのではないかと言われたそうである。岩崎氏はガッツがあって、そのまま押し通した。当時、韓国や韓国民についてヅケヅケ物を言う者が稀だったせいもあり、対談本としては珍しく版を重ねて十万部近くになったと記憶している。知人の商社の人は、「韓国に行く者には、みんなこの本を読むように指示している」と語ってくれた。そしてこの続編（『韓国の激情　日本の無情』）も出たが、それもよく売れた。

対談のあと、会食やらパーティで飲む会があったが、その時、私は呉さんに「神社がわからなければ日本はわかりませんよ」と言った記憶がある。私は酒席での軽い気持ちで言ったつもりであったが、その後、呉さんは本格的に神社めぐりをして、その成果を本にした。それが『攘夷の韓国　開国の日本』（文藝春秋、平成八年）であり、これに対しては山本七平賞が与えられた。

この一事が示すように、呉さんは不断に勉強し続け、不断に進歩向上し続ける人なのである。そのことは、その後も続々と出されている著書を見ればわかる。二十年前に対談した時、韓国についてもいくつかの点では私のほうが詳しいという印象もあったが——たとえば日韓併合の事情など——いまでは呉さんは韓国の歴史についても立派な著書のある権威になられている。また日本文化に対する理解も深く、拓殖大学の日本文化論の講義は名物になるほど人気があると聞く。

それに対して、韓国政府や韓国人の何といじましいことよ。最初は呉さんの存在そのものの否定からはじまる種々のいやがらせ。なかには身の危険を感じたものがあったそうである。親の葬儀のために帰国した時も、日本の外務省筋の助けが必要とされるような取扱い。韓国は明らかに文明国にはまだなっていないことを証明したようなものだった。

呉さんが国籍を日本に移されたのも、そうしないと危ないからではなかったか。一人の女性が、自分で納得したことを外国で書いていることにこんなに神経質になる韓国政府や韓国人は、自分たちの言っていることが嘘の塊《かたまり》であるということを心の底では感じているからそうなるのではないか。呉さんは別に政治運動をしていたわけではないのだから。

韓国批判のはしりとなった二冊の対談集を、時事的に古くなった話題などを除いて、読み易い一冊にして、このたび出版することにして下さったワック株式会社の松本道明氏に心から御礼申し上げる次第である。語り合ってから二十年経ったいまでも、少しも古くなっていなかったことを発見して嬉しく思っているところである。

最初に対談集が出た時、鳥羽欣一郎氏（早大教授）は、「これ以上、韓国と仲良くしなくてもいいと日本人はホッとしている」という私の言葉を取り上げて、「ズバリ真相を衝いている」と評価して下さった。それから二十年経っても、「日本は無理して韓国と仲良くしなくてもいいではないか。〝君子の交わりは水の如し〟というが、淡々とむしろ突き放したような関係でよいのではないか」と私は思っている。私はまったく進歩していない人間らしい。

重ねて松本氏の御努力に感謝しつつ。

平成二十五年三月下浣

渡部昇一

「近くて遠い国」でいい、日本と韓国◉目次

まえがき

装幀／神長文夫＋柏田幸子

第1章

日本と韓国は「近くて遠い国」が健全な関係だ

——中国を父、日本を弟と思っている韓国人

ソ連と中共の脅威がなくなれば韓国がどうなったっていい――渡部

日韓関係ですが、日本人の立場から言えば、現在（一九九二年）は無理に韓国と仲良くならなくてもよくなったということで、ホッとしているところだと思うんです。なぜかということをお話ししてみましょう。

幕末の頃から日本にとって頭が痛かったのは、なんと言っても、ロシアでした。それは明治の元勲《げんくん》たちにとっても同じことで、ロシアの圧力は強大なものでしたから、放っておくとどんどん韓国のほうへ下りてくる。それで、必ずしも勝つ見込みのない日露戦争のような大戦争までやったわけです。そのへんのロシアに対する日本人の恐れは、おそらく韓国の人はわからないと思います。韓国の人にはもっと次元の違う恐れがあったとは思いますが、なぜ日本は余計な心配をするんだ、韓国とロシアが仲良くすればいいじゃないかというわけです。でも、日本のほうはロシアに韓国まで下りてきてもらっては困るという考えでした。

この日本のロシアに対する危機感は、なかなか他の国の人にはわかってもらえなかった。マッカーサーもちろんわからなかったわけで、日本というのはろくでもない侵略国だと思いながらやってきて東京裁判などをやったわけです。ところが、東京裁判が終わって、わずか一年半で朝鮮戦争が始まった。それでハタとわかったんですね。北のほうのソ連と中共という巨大な勢力が朝鮮半島に下りてきたときに、これは放っておけないと実感的に知ったわけです。

それでアメリカは、朝鮮半島を確保するために、太平洋の戦争で亡くなった兵士の数に匹敵するほどの犠牲者を出しながら戦った。そのうちに、マッカーサーはこのままじゃだめだということがわかってきて、朝鮮半島を完全に守るためには、どうしてもその奥の旧満洲地域を爆撃しなくてはならない、援助を続けるシナの港を全部ふさがなくてはならないということになった。しかしトルーマンは、それでは原爆戦になる恐れがあるということで、結局、マッカーサーはトルーマンに解任されてしまう。それで米軍（名目上は国連軍）は朝鮮半島だけで戦ったものですから、やはり朝鮮半島を完全に確保することができず、追い返されて北緯三八度線まで下がることになってしまったわけです。

マッカーサーはようやくわかったわけです。彼はアメリカに帰ってから、この前の戦争における日本の弁護へと立場を変えました。日本の戦いは自衛戦であったという趣旨の発言を公の場で行っています。それならば東京裁判なんかやっちゃいけなかったんですが、やっているときには、まだ気がついていなかったんです。

そういう、日本人の「朝鮮半島を放っておけない」という気持ち、それが意外に韓国の人にはわからないようですね。

日本にしてもアメリカにしても、ソ連や中共の圧力が強い時期には、何が何でも韓国を助けなくてはならないという気持ちがありました。しかし、いまやソ連と中共の脅威はなくなったわけです。ですから、もう韓国はどうなったっていいんですよ、日本人にとっては。本音を言えば、繁栄してもらってもいいし、ぶっ壊れてもらってもいいし、どうなったってかまわないという気分になったんですよ。もう朝鮮半島までロシアが来る恐れがなくなったから、スッと無関心になっているんです。エリツィンが日本訪問を一方的に破棄したうえに、のちにソウルを訪問した(一九九二年)が、日本人はあまり興奮しなかった。昔なら日露戦争への前ぶれだったはずです。朝鮮半島の運命に一般の日本人はピリピリしなくなったんですね。唯一の関心は、これ以上のコリア人が日本に来てもらっては困る、ということでしょうね。

さまざまな面で日本の後押しを期待する韓国——呉

韓半島は歴史的に、国内が切実な危機状態に立ち到った時に、好むと好まざるとにかかわらず、外部の力のある者の助けを借りることがたびたびありました。新羅《しらぎ》による韓半島の統一も唐《とう》の力なしではできなかったことですし、豊臣秀吉の侵略に対したところでも明《みん》の力を無視することはできません。また、李朝末期に清国の支配を脱して大韓帝国として独立したところには日本の力があり、以後はロシアに頼ろうとしました。戦後は米ソの力のバランスを背景にするしかない状況となり、アメリカにしても日本にしても、極東軍事基地としての韓国に力をつけさせなければ、という方針でやってきたわけです。古くは中国、近年では日本という力のある国を隣国にもって、どこか自らを内側から変革する力の弱さを抱え続けてきた国柄のように思えます。

たしかに旧ソ連の崩壊を契機にして、現在の日本にとっては、韓国と取り立てて仲良くする必要のない状況が生まれていると思います。しかし、韓国にとっての日本は依然として大きな存在ですから、仲良くする必要がない存在ではありようがないのです。経済的・技術的な面では言うまでもありませんが、南北統一についても、さまざまな面で日本の後押しを期待している、というのが正直なところだと思います。また、韓国の政治家たちがどう意図しているかにかかわらず、南北統一には近隣諸国の国際協力が不可欠のように思えます。

差し障りが生じない「君子の交わり」こそ望ましい——渡部

盧泰愚《ノテウ》（一九八八〜九三年の韓国大統領）さんにしても、「日本には謝ってもらわなくては困る」とか言うんですが、日本人としては、これからは「君子の交わり」にしようと言いたいですね。徳川時代でもやっていたことで、文化人が行ったり来たりするようなものですが、差し障りが生じることのない文化交流のような関係がいまはいいんだと思います。

工場などが出ていくと、何だか摩擦が起きてお互いにカッカしてくるでしょう。ですから、こちらは退きますからどうぞお好きにやって下さい、というのがいいと思うんです。韓国の新幹線にしても、請負でドイツとフランスと日本が争っています（一九九二年時点）が、それは日本がとくにやる必要はないんです。他の国に譲ったほうがいいですね。日本の手で新幹線を造って事故でも起きたら、また賠償やらなんやら言ってきて面倒になるとか、私はテレビで憎まれ口を叩いたんです。だいぶコリア系の人たちから文句を言われましたが、いま、日本人が感じはじめていることを、やや先鋭的な形で言ったつもりなんです。

韓国そのものが問われる時代――呉

現在、そしてこれからは、日本は韓国との間にはこれまでよりも距離を置いて付き合ったほうがいいということですね。最近、そうした意見をよく耳にするようになりました。いまだ反日的な姿勢が強いところから、そう言われるのは仕方なくも思えますが、心情的には正直言って寂しい気がします。でも、国際戦略上の韓半島の価値づけが大きく変わってよかったことは間違いありません。

これまでは、韓国というある性格をもった国というよりは、極東戦略のうえで重要な位置にある国ということで、アメリカも日本も特別なかかわりをもつ、という関係にありました。そこでは、韓国がどういう内容の国かということは、一応、第二次的なことだったように思います。オリンピックが韓国で開かれたり、日本やアメリカをはじめとする盛んな国際投資が行われたりということは、極東戦略のうえから、なんとか韓国に力をつけてもらわなくてはならないという理由からでした。そうした理由がなくなり、ようやく韓国そのものが問われるようになったわけです。

日本の企業の撤退に続いて、アメリカの企業も続々と韓国からの撤退を始めました(一九九二年時点)。そこには、高賃金、ウォン高、労働争議などの問題から、期待する投資効率が得られないといった、経済合理主義をはじめとするさまざまな理由があるのだと思います。韓国人の心情からは、これまであれほど韓国、韓国と言っていたのに、「なんて冷たいんだ」ということになるわけですが、そうではなくて、ようやく、韓国そのものが問われる時代になったということを自覚しなくてはならないんだと思います。

朝鮮を手放して日本人はホッとした――渡部

正直言いまして、敗戦によって多くの日本人が何を喜んだかというと、台湾人（つまり中国人）や朝鮮人と一緒にならなくてもよくなったということなんです。

戦前は、なんとか努力して付き合わなくてはならないと、日本人は本当に努力したと思います。日本のレベルまで必ず上げなければならないと、そう考えたからこそ、ソウルに京城帝国大学も建てたわけです。京城帝国大学《けいじょうていこくだいがく》を創ったのは大阪帝国大学よりも早いんですよ。また、台北の台北帝国大学は名古屋帝国大学よりも早く建てているんです。当時の日本としては莫大な支出でしたが、とにかく早く日本と同じレベルにしなくては、ということでやったわけです。

我々がやるのは西洋の植民地化とは違うんだ、統合して同じ国になるんだ、と小学校のときから教えられたのです。イングランドとスコットランドみたいになるんだと、日韓併合したときの日本の指導者はそう考えていたと思われます。具体的にはなんだかんだとぶつかり合いが生じましたが、日本人は本当に内鮮一体化《ないせんいったいか》（日韓併合時代、日本と韓国を天皇陛下の下に「皇民」として一体化していこうというもの）を理念としてはもっていたのですね。敗戦によって、もうそういう無理に緊張した関係を続けなくてもいいんだというホッとした気持ちがありました。そんな気持ちを日本人が敗戦のときに抱いたということは、韓国の人にはわからないんじゃないでしょうか。

もちろん、韓国や台湾の人たちも日本という圧力がなくなったということでホッとしたわけですが、日本人もホッとしたんです。それでいま、二度目のホッとした気持ちになっているんです。もはや誰も朝鮮半島を侵略することはなくなった、これでもう韓国を気にすることもないということで安心感が生まれているわけです。

謝罪を求める韓国人、反省を繰り返す日本人――呉

そういう国際情勢の大転換を迎えたいま、日本とどう付き合ってゆくかという新たな考え方が韓国に生まれなくてはならないのですが、どうも相変わらずの感じが強くてなかなか見えてきませんね。

表面的には日本と仲良くしようという目的で、いろいろと交流が行われてはいるんですが、それらをよくみてみますと、実際的な交流にはまだまだ至っていないと言わざるを得ません。この夏（一九九二年）に開かれた日韓の文化交流会でも、日本海という呼び方がどうだとかいうメンツにこだわってみたり、教科書の双方の歴史記述を

できるだけ合わせようという目的での会議の席上で、日本の韓国への侵略に対しての謝罪がまず先だといった展開をしてみたり、昔ながらの域を脱しない形が多いように思います。それで多くの場合、日本側がそれに合わせて「反省」を繰り返す、といった図式が依然として主流ですね。まず、こうしたお定まりのパターンをなんとかしなくてはなりません。

留学生同士の交流もかなり行われていますが、そこでは交流についての考え方から違うようです。いつも入り口で足踏みすることになり、そこで止まってしまうことがほとんどなんです。

韓国人の学生のほうは、本題に入る前に、とにかく日本人は過去の歴史の反省をしなくてはならないとやるんです。日本人の学生のほうは、いまこの場で、なぜ我々が反省しなくてはならないのか、これからどうやって付き合っていこうかということを話したいのであって、国と国との付き合いではなく民間の個人的な付き合いをしようというのに、なぜ我々に対して日本人の過去のことを問題にするのか、となるのです。

そうすると、韓国人のほうはもっともらしく「過去がなければ現在も未来もない」と、ワンパターンの言い方をする、という具合なんです。

いまのところの日韓交流では、客観的に見て韓国のほうにより多くの問題があるのは事実ですが、それとは別に、そこにはお互いの歴史に対する考え方の違いもあるように思うんです。韓国人は、先祖からの引き続きでいまの自分がある、だから先祖の責任は自分の責任でもあると考えます。そういう歴史観でいるものですから、自分は自分、先祖は先祖だという日本人の主張を、なんて無責任なのかと感じるんです。

そこで、いつまでも「反省」を要求することになるんです。そういう歴史観についての議論はあまりないんですが、相当にやらなくてはならないと思います。

それに関連して、文化的な背景の違いに対するお互いの配慮が、日本人と韓国人の間では他の外国人に対するよりも薄くて、そこからくる行き違いがかなりあると思えるんです。

民族的にも文化的にも日本人と韓国人は一番近い関係にあるため、会っているとついつい身内のような印象が強くなって、そこから錯覚が生まれてしまうんですね。それで、無意識のうちに相手を外国人とは感じなくなってしまって誤解が生まれる、また、お互いに同質性のなかの異端を相手に感じて嫌な気分になってしまう、私の体験から言っても、そうしたことが日本人と韓国人との間にはとても多いように思います。

ロシアとの戦争をやりたくなかった日本──渡部

日本人は口に出しては言わないし、あまり意識のうえにものぼらせませんが、日露戦争だけはしたくなかったんです。でも、なぜしなくてはならなかったか、ということですね。

あの戦争がなければ、朝鮮半島はとっくにロシアのものになっていますよ。歴史を言うのならそのへんから言ってもらわなくては、ということになるんですが、そこまで言うのは面倒臭いから、そんなに言うのならもう付き合いを止めようと、そんなふうにもなるんです。

旧制中学以上を出た韓国の人は、日露戦争のことも知ってますから、昭和天皇がおっしゃったように、当時がまことに「遺憾な状況」だったことは、よくご存知だろうと思います。やりたくない戦争をやって、何万という日本人が死んだんですね。それで朝鮮半島へのロシアの侵入が食い止められたんです。日本にとっても、また韓国にとっても、それは「遺憾な状況」と言うべきものですよ。

そこから始めればいいんですが、韓国はよくて日本人にだけ反省しろと言うのなら、日本人にも言い出せば言いたいことはいっぱいありますよ。でも、面倒臭いから言わないんですよ。

なぜ日本人は言いたいことを言わないのか――呉

本当に日本人はそのへんを自ら語ろうとはしませんね。それは一種の潔《いさぎよ》さからでしょうか。それとも、語ったところで聞く耳をもたないだろうから、あるいは一方的な反発を受けるからということなのでしょうか。そのへんがいつも気にかかっています。でも、ぜひ語っていただきたいと思います。

日韓関係は韓国がロシアについたことから始まった――渡部

そうですか、本当は言いたくないのですが、たとえばこんなこともあります。朝鮮で皇帝となったのは、最後の二人の皇帝（李朝第二十六代・高宗《こうそう》、李朝第二十七代・純《じゅん》宗《そう》）だけですね。それまではみんな王でした。「王」というのは「帝」の息子たちや、周辺の蛮族の酋長で朝貢した者にシナの皇帝が与える称号で、帝とはくらべものにならない低い地位なのです。それまでは朝鮮王と名乗っていたわけで、朝鮮という名も明の皇帝からもらったものでした。日清戦争で日本が勝って中国からの完全な独立を遂げ、歴史が始まって以来、初めての皇帝が朝鮮半島に誕生したわけです。

それで日本との関係がうまくいけばよかったんですがね。韓国は、三国干渉（ロシア、ドイツ、フランスからの干渉）に容易に屈した日本を侮蔑的に見るようになっていたし、また日本の出方が悪かったこともあって、韓国はロシアの側にくっついてしまった。そこから始まるんですよ、延々といまに至る問題が。

さらに語れば、日露戦争が終わって、伊藤博文は韓国は絶対に独立してもらう、植民地にはしないと内々には宣言していました。それを安重根《あんじゅうこん》が暗殺してしまった。安重根は韓国では愛国者ですが、日本から言わせれば、植民地にしないという人物を殺したのですから、何を考えているのか、ということになるわけです。

でも、そんなことといちいち議論しても始まらないしなあ、というように思うんですね。

まだまだたくさんあるんですが……。ですから、歴史から始めるというのは、とてもしんどいことですよ。

日本人は韓国のことを知らないという偏見——呉

日本人のほうからは、言いたくとも言えない状況があることも事実ですね。言えば激しい反発が来るわけですから、それで面倒だと、そんなふうになっていると思います。

ただ韓国人のほうは、相手が何も言わないと、それは悪いことをしたから何も言えないんだととってしまうわけです。韓国人的な性格からいってもそれは言えると思います。そういう構図で仕方なくズルズルと行ってしまっている部分が多いように感じます。

戦前の日韓の歴史を、ひとつの世界史という客観的な対象としてみつめてみようとする姿勢が韓国には弱いのです。そこで「韓国人は自分たちの都合でばかり歴史をみようとしている、だから言っても仕方がない」となってしまうのでしょうが、やはり言いたいことはきちんと言っていただきたいのです。

たしかに、初めて会っていきなりそうした話をすれば、激しい反発が出てきます。しかし、韓国のことをよく知っているなと思える相手には、必ずしもそうではないのです。自分の国のことをそれだけ知っていてくれるならばと、聞く耳をもつ人も少なくないのです。韓国人が日本人に持つ偏見の多くが、日本人は韓国のことを何も知らないでものを言う、ということなんです。

韓国の国史の教科書では、三国時代（朝鮮半島の北部に高句麗《こうくり》、南西部に百済《くだら》、南東部に新羅《しらぎ》の三国が並立していた時代）における倭国との関係から始まって、豊臣秀吉の朝鮮侵略を経て日帝三十六年の植民地統治の時代に至るまでの日韓関係史が、かなり克明に記されていますから、それなりに日本史のアウトラインが摑めるようにもなっているんです。

それに対して、日本の学校教育からは、韓国の歴史のアウトラインを摑むことはまずできないように思います。そこで一般の韓国人が感じるのは、我々はこんなに日本の歴史を知っているのに、日本人は我々の歴史をほとんど知らない、ということなんですね。そのへんから、専門研究の分野ではまったくそういうことはないのですが、日本人一般、とくに若い人たちは韓国の歴史を知らない、と言われる事態が出てくるように思うんです。

なぜ清国に恨みをもたないのか――渡部

韓国人が日本人に対して恨みをもつことは十分に理解することができます。しかし、それならばなぜ清国に対して恨みをもたないのか、それがどうもよくわからないのです。

明から清に代わるときに、韓国は明についたのですね。そのために清国に徹底的にやられたわけです。いろいろとあるのですが、実に屈辱的な関係を強いられましたね、韓国は。日本は、それは悪いこともやったわけですが、大局的に見れば、莫大な金を毎年使って韓国の近代化のために力を尽くしたことも事実です。しかし、清国は韓国から奪うことを国の方針としてやり続けたのです。朝鮮の『丙子録』という本には、清国による掠奪《りやくだつ》虐殺《ぎやくさつ》の惨状を記して、「槍掠焚盡、公私赤立、有甚於壬辰之役」（武力による掠奪が行われ、すべては焼き尽くされ、官も民もすっ裸の状態であり、秀吉の侵攻の時よりも甚《はなは》だしいものがある）とあります。それなのに、清国に対しては恨まずに日本だけを恨むということ、それはなぜなのでしょうか。

中国を父、日本を弟と思っている韓国人――呉

おっしゃるとおり、韓国は中国に対してはまったく恨みをもっていません。それはたしかにおかしなことですね。

韓国人にとっての中国、韓国、日本の関係はこんな具合に表現するとピッタリだと思います。韓国と日本は兄弟であるけれども、それは韓国が兄で日本が弟である、そして中国は父親である――。韓国人の心理はそのようになっていると言っていいと思います。

そういうことで言えば、父親はいくら悪いことをしても、やはり父親として尊敬に値するが、兄弟のなかでは上下関係ははっきりさせなくてはならない、したがって弟が悪いことをしたのは許せない、とこうなるわけです。

兄が不遇をかこっているならば、弟はそれを助けなくてはならない、兄に対して弟

は逆らってはならない、それがいい家庭をつくるうえで必要なことであり、それはそのまま国と国との関係にも当てはまるのです。人と人との道徳や家族の間の倫理が、そのまま国家の道徳や国と国との間の倫理でもあるのが、いまだ多くの韓国人の考え方なのです。孔子の時代の中国がそうであったように、ですね。

韓国は父親である中国から教えてもらった文化を弟である日本に教えてやった――これが中国、韓国、日本の関係を発想する基本にあります。そうであるのに、弟の日本は豊臣秀吉による侵略を行い、韓国を植民地化した、そうやって兄を痛めつけて現在、経済的にも技術的にも兄を凌ぐ大国となって韓国を見下している、それを許すことができようか、というわけです。これは心情と結びついたきわめて倫理的なものとして、多くの韓国人の意識を支配しています。

また、韓国人はアジアのなかでも最も優秀な民族であるという強固な自負をもっています。それは教育的にもしきりに強調されることですが、その比較の引き合いに出されるのが日本で、「日本人は劣等で野蛮な民族だ」という表現が韓国の教科書にもあります。その日本が、ということで、兄の心はいっそう昂《たかぶ》るわけです。

韓国の弟よばわりされるのは迷惑だ――渡部

そのへんは日本人にはまったくない発想ですね。その昔、百済の王仁《わに》（古代の百済からの帰化人）がいろいろと日本に文化を伝えたということもあったのですが、日本にはその前に三韓征伐（『古事記』『日本書紀』に、神功皇后が身重のまま三韓征伐の先頭に立って朝鮮半島に渡り、その帰路に応神天皇を出産したと伝承されている）があったとか、いまの平壌あたりまで出て戦ったとか、いろいろな伝説や歴史的な事実が伝えられてもいるわけです。

また『日本書紀』を見ますと、向こうから貢物《みつぎもの》を持って来たと書かれているのです。ですから、向こうではこちらに教えたつもりかもしれないけれど、向こうのほうからやってきたんだと日本人は考えるわけです。来たとしてもせいぜい家庭教師として来たのであり、日本の王朝がしっかりしていたから来たわけで、こっちが主人なんだと発想するんです。

これは両方で主張し合っていてもだめで、お互いに歩み寄らなくてはいけませんね。

ただ、少なくとも、現在の韓国にとって最も悲劇的な事態は、やはり朝鮮戦争による南北分断だと思いますが、そこでシナとロシアに対しては恨みを抱くことなく、依然として日本だけに抱いているというのは、やはりおかしなことだと思います。それが父、兄、弟という発想にかかわりがあるとするならば、それを改めなければ韓国は変わりませんね。

日本人はこれっぽっちも韓国の弟だという発想なんかないですから、弟よばわりは迷惑であるし、まことに困った問題でもあります。もちろん、日本人が韓国人より劣等だとはさらさら思っていないし、韓国では算盤《そろばん》もろくに使われていなかった頃に、世界で一番早く微分を発明したのは日本人だ、くらいに思っているわけです。この発想の違いは、天と地ほどに大きいと言わざるを得ませんね。この発想については、それは韓国人に変わってもらうしかないでしょう。

運がよかったから日本経済が発展したと考えられている──呉

もちろん、日本に来て何年も経っている人は、日本人が劣等民族だとは思わなくなります。かえって恐ろしい民族だとすら思うようになる人が多いようです。ただ、それも部分的なことについてであって、一般的にはやはり韓国人のほうが優秀だと思っている人が多いのです。それは一方では、韓国ではいかに自民族優越主義が根強いかを物語るものでもあります。日本はたまたま運がよかったのであり、とくに朝鮮戦争のおかげでいまの経済的な発展をみるようになったというのが一般的な見方であり、それは現在でも学者やマスコミがたびたび主張していることでもあります。

また、日本人は団体になって初めて力が出るのであって、個人個人では韓国人のほうがずっと優秀だということもよく言われます。しかし、そう主張する人たちのなかには、それならばなぜ、日本人は集団の力を発揮できるのかというところまで考えようとする人は少ないですね。韓国人は個人が優秀すぎるからなかなか集団を組むことができないなど、対日本のことになると決まって御都合主義が顔を出してしまいます。

韓国人のほうが頭がいいというのは変な話——渡部

韓国人が日本人に比べて頭がいいと、それもとくに個人が優秀だと思うのは不思議なことですね。たとえば、ノーベル賞でも、日本人は一九〇一年の第一回目の時から医学賞の最終候補に残っていますね。そういうことをみるだけでも、韓国人のほうが頭がいいというのは変な話ですね。日本人のほうが頭がいいという必要はないけれど、少なくとも同じくらいだと言うべきではないでしょうか。

集団では日本人、個人では韓国人が優秀と思おうとする傾向――呉

それが、日本人のなかにも、個人的には韓国人のほうが優秀な人が多いと言う人がかなりいるんです。謙遜《けんそん》もあるかと思いますが、日本人特有のバランス感覚で、何でも日本人のほうが優秀だとは思いたくないんですね。それで、集団では日本人のほうだが個人では韓国人だと、なんとかそう思おうとする傾向があるように感じられます。そこで、韓国人の自己主張の強さとか、外国での物怖じしない活発な動きを見たり、アメリカで博士号をとる者が多いとかいうことを指して、そんなふうな言い方をするんだと思います。

もはや朝鮮半島への武力進出はあり得ない――渡部

アメリカの移民を見ても、韓国人のほうが集団で固まっていて、日本人のほうは日本人街なんかつくらずに溶け込んでいますね。戦前でも、三井などはシカゴの市場をかなり動かしていましたから、立派な国際企業でした。でも、日本人は個人があまり表に出て頑張る姿を見せないし、自ら優秀だといった素振《そぶ》りも見せません。それで、韓国の人はいろいろと理由をつけて日本人を解釈しているのかもしれませんね。

しかし、日本人を恐ろしい民族だとはまったく思う必要はありません。秀吉のことは、彼の老化と家庭状況の特殊性から出ています。朝鮮出兵は武将たちも嫌がっていたのです。秀吉は当時の西洋人の渡来を見て海外に関心があったのでしょうが、あんなことは将来はないと思ってよいでしょう。それは、先にも述べましたように、近代になって日本が韓国に興味をもったのは、ただ国防のうえでロシアの脅威があったためだけです。いま（一九九二年）は国防上の心配がありませんから、絶対にこちらから韓国を攻めようなんてバカな考えはもちようがないのです。

韓国の人は支配されて酷い目に遭ったと思うかもしれませんが、日本人からみれば、まったくの持ち出しなんですよ。鉄道も学校も橋も発電所も道路も、全部日本の持ち出しで造ったのです。ですから、戦前に韓国を支配していい思いをしたとは日本人はまったく思っていないのです。そのため、もう朝鮮半島に出ることはごめんだとは思っても、こちらからまた武力をもって出かけようなどとは金輪際《こんりんざい》、思わないですよ。韓国にとって、いまの日本は安全無害だと考えるのが正解です。

日本を知った韓国人が恐怖を感じる理由——呉

日本をよく知った韓国人が言う「日本が恐ろしい」というのは、軍事的に恐ろしいということではありません。そうではなくて、これまでずっと自分たちよりも劣っていると思い続けてきた日本人が、実はきわめて優秀な人たちだということがようやくわかってきて、韓国人たちがいま、だんだんと感じつつあることなんです。単なる運や朝鮮戦争のおかげではなくて、本当に実力があったのだということを認めざるを得なくなって知った、日本民族の力に対する恐ろしさです。

お互いに深い関係にならないほうがよい――渡部

軍事的に恐ろしいのでなければ、心配するような強い反感は出ないと思うんです。ですから、お互いにあまり熱くなる要素は本当はないんですね。これからは、時間をかけて、これまでのカッカした関係を冷ますことがいいんじゃないでしょうか。あまり濃密な関係にならないようにして、少し日本が退いたらいいんです。

先ほども述べましたように、日本の経済界も新幹線はフランスに任せるとか、鉄鋼所もドイツにやってもらうとかしたほうが、いろいろと相対化できてよいと思います。いまはそうやって、あまりお互いに深い関係にならないほうがいいのです。

戦前を反省する姿勢が目立つ日本人――呉

日帝三十六年の植民地統治の時代については、韓国では、日本がいかに酷いことをしたかという被害者の観点からの教育が行われています。日本人が書いた本でも、日につくものの多くはそうした観点からのものですし、またジャーナリズムの多くもそうした立場をとっているようです。渡部さんのように、統治した日本側の「言い分」を語る人は実に少なかったように思います。

私にしても、日帝は悪以外の何ものでもありませんでした。ただ、日本で生活するにしたがって疑問に感じはじめたことは、その悪としての日帝のイメージと私が生活するいまの日本の社会と日本人とが、およそ結びつかないことでした。

このような生き方をし、このような価値観をもち、これほど平等で安全な社会を作っている人々が、韓国で言われているように、本当に一方的な収奪を目的に韓国を支配し、弾圧の限りを尽くして韓国人を打ちのめしたのだろうかという疑問が、日本で生活してゆくにしたがって、だんだんと頭をもたげてきたのです

もちろん、制度の問題と人間の問題は別ですから、たとえばイギリスがインド統治の時代にインド人に対して酷いことをしたからといって、イギリス人そのものを悪だとは思わないのと同じように、日本人そのものが悪だと思っていたわけではありません。ただ、いまだ西欧の社会は多分に身分社会、階級社会の様相を残していますし、白人優位主義、自民族優位主義がかなり残っていると感じざるを得ません。私のわず

かな西欧体験からも、また少なくはない個人的な付き合いの体験からも、そうしたことが言えるように思います。ですから、植民地時代に西欧諸国がアジアに対して「こんな酷いことをした」と言えば、「なるほど、当時はそうだったんだな」とスッと思えるところがあります。ところが現在の日本は、西洋のような社会的な差別性も自民族優位主義もほとんど感じることができないのです。

そこで私は、「ある特異な状況下では人間はとんでもないことをやる」という一般的な問題は別にして、もう少し当時のアジアを取り巻く世界の状況と日本という関係を客観的に考えてみたいと思ったのです。日本の書物も少しは読みましたが、できるだけ既成の日帝のイメージをカッコに入れて、日本人と仲良くなって、直接いろいろと聞いてみたことから得たものがたくさんありました。こちらから胸襟《きょうきん》を開いてゆくと、言いたいこともないではないのですよ、といった感じで、実は戦前の日本にはこんな面もあった、韓国に対してはこんなこともやっていたなど、かなりこれまでのイメージとは異なる話を聞くことができました。

そのような体験を通して、日帝を無前提に悪と決めつける考え方とは別れましたが、戦前の日韓事情についてはいまだ明確なイメージをもてないでいます。それは、どうやら私だけではなく、多くの日本人、とくに若い人たちのものでもあるように思います。

私自身についても言えることですが、詳しい資料などにもっとあたってみる必要があると思います。それにしても、これほど情報が溢れている時代で、戦前の日韓事情についてよくわからないことが多いのは不思議な感じがします。戦前の日本については、マスコミをはじめとして、日本人の側に悪いことの反省の姿勢ばかりが目立ち、客観的な世界史として見つめようとする積極的な態度が不十分なような気がしてなりません。

朝鮮経営の収益で国庫が潤ったことなど一度もない――渡部

日本人と韓国人は、文化的にも民族的にも最も近い間柄にあることはたしかです。そういう研究が進んだ明治時代に、日本人と韓国人の先祖が同じだという歴史上の仮説（日韓同祖論）があり、朝鮮側にもそれを唱える人たちがありました。そういう考え方に立って、将来一緒の国になっていこうという理想があったのです。

経済的にも教育的にも、また宗教的にも仏教渡来以前の朝鮮には神社があったはずだから造ろう――というように、日本と韓国を同じ国にして究極的には完全に差別をなくしていこう、というのが日韓併合を考えたときの日本の意志でした。

しかし、これは韓国人にとっては迷惑な話ですね。ただ日本には、西洋がアジア諸国を植民地化したときのような発想はまったくありませんでした。植民地ならば収奪すればいいのですから簡単なことです。しかし日本はそうではなく、逆に本土から持ち出してつぎこんでいったのです。朝鮮経営の収益で日本の国庫が潤ったなどということは一度もなかったのです。

おそらく、多くの韓国人がそういう面をご存知ないと思います。しかし、李朝末期の状況を知っている韓国のご老人たちはそうではないでしょう。

また戦前の、白人の有色人種に対する差別時代を知っている人は、そういう事情がまだわかるんです。当時、白人に正面から立ち向かえる有色人種は日本人しかいませんでしたから。

それから、これは朝鮮総督府（韓国併合と同時に設置された韓国統治のための機関）の資料にあることですが、両班《ヤンバン》（高麗朝、李朝において特権的身分の官僚として任ぜられた文官と武官の総称）は上に立って実務は下の者に任せますので、総督府時代にも、部局の長はすべて両班にするのですが、その下の実務についてはすべて日本人がやっても、ひとつも文句が出なかったということです。ですから、併合のときにも、実務面はきわめてスムースに進んだわけです。

常に日本にだけ責任を被せる習い性——呉

日本が戦争に負けて韓半島が解放されてから、韓国では企業を経営する人材が少なくてずいぶん苦労したという話をよく聞きます。その場合、日本人が企業の経営実務から韓国人をまったく排除していて、すべての経営を日本人で行なって韓国人を育てなかったからだと言われることが多いのです。しかし、これはかなり極端な話ではないでしょうか。そこには、任せようにもすぐに任せられる人材が少なかったということもあったように思います。

少なくとも、企業的な集団作業の伝統がない社会で、しかもいまよりももっと両班志向の強かった当時のインテリたちが、経営実務に身を入れ、力をつけていくことは、そう簡単にできることではなかったと思います。日本はあれだけ学校を作って日本式の教育に力を入れたわけですから、企業でも韓国人の人材を養成しなかったというよりは、韓国的な性格から実務面がなかなか育たなかったということがあったように思われます。

いずれにしても、常に日本のほうにだけ責任を被せる習い性から、いろいろと極端なことが言われることにもなるんだと思います。そのへんをもう少し客観的に見つめてみるためには、周辺の資料がもっと手近に整備されていなくては、と思います。

李朝末期の苛政を日本によるもののごとく言われることが多い――渡部

日本は敗戦の時に、総督府の統治権と統治機構を韓国人に任せようとしたのですが、アメリカはとても任せられる状態ではないことを知って、再び日本にやらせることになったのです。そのあとに、日本からアメリカ軍の軍政へと引き継がれました。だから韓国は、日本から独立したのではなく、アメリカから独立したと言えないこともありません。

日本は日本人的に多くの企業で韓国人を養成しました。それで、係長の下あたりまで養成できていた段階で終戦となったのです。そうした人材養成は、朝鮮だけではなく、インドネシアでも、マレーシアでも、またサイパンでもミクロネシアでも一所懸命にやったわけです。

当時の日本は、とにかく日本と朝鮮とは同じ国になるんだということで、嫌がられるほど執拗《しつよう》に干渉して、朝鮮の人たちに日本人と同じことをやらせようとしました。

それにしても、韓国側では李朝のやった悪いことを、いかにも日本がやったように書いたり主張したりすることが多いですね。

たとえば、キリスト教の弾圧は李朝末期が一番酷《ひど》いのです。日本は方針としてキリスト教に反対していたわけではありませんし、多少はあったのですが李朝のそれに比べれば大したものではありません。李朝は国策としてキリスト教を弾圧したのです。そのことを問題にしないで、キリスト教の弾圧といえば日本というのはおかしなことです。

日本の学者には、都合の悪いことを言わない人はいても、嘘と知ってそれを主張する人は稀です。しかし韓国では、立派な社会的地位のある人が、嘘と知っていながらそれを真実として主張する人たちがかなりいるように思われます。

李朝が民衆に対して苛烈《かれつ》な弾圧をしていたところへ、日本が来てホッとしたという人々が当時、たくさんいたのです。しかし、李朝末期のその苛烈さが日本によるもののごとくに言われることが多いですね。

日本がいくら持ち出したにしても韓国のためではなかった――呉

たしかに、李朝末期は酷い時代だったと思います。韓国の内部では、そのことははっきり言われていますし、教育もされているのです。

また、日本がいくら持ち出したにしても、また善意の日本人がたくさんいたにしても、その目的はやはり朝鮮経営によって収益を上げようというものであって、結局、韓国のためになるものではなかったではないかという言い分が韓国側にはあります。本当の意味での互いの了解がなかったからこそ、あれだけの反日運動が戦前も展開されていたのではないでしょうか。

日本の言い分は全部持ち出していいところがなかった——渡部

それは当然でしょうね、両方に言い分があるわけですから。日本の言い分とすれば、全部持ち出していいところがなかった、というものです。ですから、日本の敗戦によって韓国が独立したとき、日本人はホッとしたのです。

なぜ日本は韓国の独立でホッとしたのか——呉

韓国の独立によって日本人がホッとしたという気持ちは、一般民衆レベルでも政治家のレベルでも同じことだったのでしょうか。だとすれば、これまでの国策が間違っていたという反省がそこに込められていた、ということでしょうか。

白人の列強と伍してゆくための日鮮合邦——渡部

根本的に言えば、ホッとしたのは十九世紀以来の白人の植民地主義がそこでストップしたことに対してです。そして、ロシアを放っておけないという従来からの日本の国策を、朝鮮戦争以来、アメリカも認めざるを得なくなったからです。一般の日本人にしてみれば、日本にコリア人が移住してくる状況を歓迎したわけではありません。ロシアを抑え、白人の列強と伍してゆくための日鮮合邦であると教えられ、諦めていたのです。

韓国で教養ある者の取るべき態度――呉

私が前の世代の韓国人たちと話をした感じでは、政治的、文化的なレベルで日本が朝鮮に対してやったこと、たとえば神社を造るとか、母国語を禁止して日本語を教えるとか、創氏改名《そうしかいめい》（一九三九年、朝鮮総督府は、朝鮮人に日本式の氏名を名乗る「創氏改名」令を公布した）をするとか、そうしたことには反発しているものの、そのようななかで付き合った日本人については、いい印象を語る人が多いのです。

戦前に日本化された小学校で教育を受けた人の話ですが、日本語を強制されて母国語を使えないことには大きな反感をもったそうですが、日本人教師にはとてもいい印象をもっているのです。当時は小学校でも、勉強以外にもいろいろと作業をすることが多かったのですが、韓国人の先生は生徒に作業させて自分は一切、作業をしようとはしないのです。でも日本人の先生は、生徒たちと一緒に畑へ行って作業をするのです。そのようなところから、戦前の日本人に対して個人的にいい印象をもっている韓国人は多いのです。

私の母にしても、結婚する前からしばしば日本へ行ったそうで、母から当時の話をいろいろ聞かされましたが、いい印象ばかりで悪い話はまったく聞いたことがありません。それで私も小さいときには日本に憧れをもっていたのですが、小学校に入って反日教育を受けるようになると、そういう気持ちをもっていたことが何か恥ずかしくなってしまうんです。

というのは、日本に対していい印象を語る人は教育水準が低い人に多いのです。教育レベルの高い人ほど、日本を批判します。教育レベルの高い人ほどしっかりとした反日意識を身につけている、といった感じでした。そのようなことがわかってくると、自分の母親が教育レベルが低いからなのだと恥ずかしくなってくるんです。教育がないから日本の悪いことをきちんと指摘できないのだな、とそう思ってしまったのです。しかし、そうではないのですね。たとえば、ある会合で韓国の著名大学を出た女性の話を聞きましたが、彼女はまさにそのへんのところを言っているのです。彼女は日本に来て十年になり、日本のよいところも韓国の悪いところもそれなりにわかったけれども、私の父母ともに教育者であるから、私自身、たとえ韓国に悪いところがあろうともそれを日本人の前で言うべきではないし、また日本を誉めるような態度もとるべきではないと思っている、とそう言うのです。それが韓国で教養ある者のとるべき態度だと言うのですね。

大きな意見に対して異なる意見を出すのが難しい国――渡部

戦争中に我々は反米教育を受けてアメリカ嫌いだったわけですが、かなりのお年寄りはアメリカのいいところを知っていました。しかし私たち若い世代では、ちょうど日本人に対する移民禁止をはじめとする対日差別法が作られはじめてからの印象が強いのです。ですから、アメリカというのは嫌なやつだという印象が強かったですよ。

しかし、戦争に負けてみて何らの束縛もなしに知ってみると、アメリカ人はけっこういい人たちじゃないか、というふうに思いました。

それでも、韓国よりは融通性があったのではないでしょうか。私の母にしても、「日本のタイヤはちょくちょくパンクするけれど、アメリカのダンロップ製のタイヤはそう簡単にはパンクしない。こんな優れたものを作るアメリカと戦争したって負けるに決まっている」とか、けっこう政府に批判的なことを言うわけです。それを小耳に挟んで訴えるという人も別にいませんでしたしね。

韓国の場合は極度に中央集権の発達した政治的な伝統から、すべてが統制されてしまう国なんですね。その傾向がいまだに強くて、大きな意見に対して異なる意見を出すことがとても難しいのだと思います。

第2章

韓国と韓国人はどこまで変わっていけるのか

――反日教育がもたらした大きな弊害

在日の韓国人のように不人情ではないことを示した韓国の韓国人――渡部

日本対韓国という国の関係では、私はだいぶしょっぱいことを言うんですが、個人的に私が韓国人に偏見をもっていると非難される謂《い》われはないと思っています。

たとえば、以前、私と家族が外国へ行って家を留守にするので、友人の韓国人に住んでもらったことがあります。水道、光熱費もガス代もいただかず、一部屋を除いてすべての部屋を自由に使ってもらった、ということもありました。それほど信頼関係のある韓国人も友人におります。

また、こんなこともありました。いまは亡くなった韓国人の友人がいたのですが、彼は各方面で活躍していたためか、たくさんの韓国人たちが彼の周りに集まっていました。その彼が大病を患《わずら》ったのですが、その途端に、サーッと水が退くように、韓国人の知り合いがほとんど来なくなってしまったんです。仕事ができなくなって入院の費用も出せない状態なんです。私の友人が中心になり、私も他の日本人の友人と一緒になって仲間から金を集めて、病院へ入れて手術をしてもらいました。結局、亡くなってしまったんですが、上智大の学生や我々の友人の奥さんたちがずっと看病したんです。最期のときにも、在日の韓国人は誰も来ませんでした。結局、葬式も私たちの手で出しました。

ただ、彼と旧制中学で同級生だった韓国人が、韓国でけっこう偉い人なんですが、その人がたまたま韓国からやってきて、病院へ見舞いに来ました。それで、ここ何カ月、韓国の人は誰も来ていない、全部日本人が看病しているということを知って、彼は恥じたんですね。それで、韓国へ帰ってから、旧制中学の同級生から金を集めて韓国に立派な墓を建てたのです。その写真をわざわざ送ってくれました。韓国の韓国人は、在日の韓国人のように不人情ではないことを私たちに示したかったんですね。この人は実に立派な方でした。

そんなふうな付き合いをしている人が何人もいるものですから、渡部は個人的な偏見をもって韓国人の悪口を言っている、ということは言わせませんよ。でも、国と国の関係においては話は別で、向こうのペースに乗ってはまずいですよ。

反日教育がもたらした大きな弊害――呉

戦前のことを知っている年配の韓国人のなかには、日本に対して悪い印象をもっていない人が少なくありません。よく話を聞いてみますと、日本人との個人的な付き合いからそう感じているんですね。とくに、日本人はとても親切だという話は、韓国で年配の方々からはよく聞かされました。

しかし、戦後の韓国では、そうしたことを公的な場では話せないというようになってしまいました。それに、徹底した反日教育がなされてきたということもあって、個人的にもなにも、日本人は韓国人に対する偏見に満ちている人々だといった考えが常識化されてしまったんです。ですから、日本人が韓国の悪口を言えば、それはすぐに日本人の偏見からだとなりがちなんです。

戦後の反日教育を受けて育った世代をハングル世代と言っていますが、四十代（一九九二年時点）から下の世代は、日本からの情報をシャットアウトされた環境のなかで、まったく教育だけで日本の印象が形づくられてきましたから、現在ではさらに日本に対しての攻撃が激しくなるわけです。実際的な個人関係を持たずに、頭だけでわかっている私たちの世代にとっての日本のイメージがどれだけ恐ろしいものとしてあるのかということは、なかなかおわかりいただけることではないと思います。

私もずっと言い続けていることですが、国と国との関係にはいろいろとあるかもしれないけれど、個人と個人の関係にはいかようにも可能性があるし、事実、仲良しの日本人と韓国人はたくさんいるわけです。ですから、戦後の反日教育で形づくられた「日本人」のイメージで一括して個人をくくってしまうことから自分自身を解放することが、韓国人にとっては必要なことなんです。そのへんで、個人として日本人とうまくやっている韓国人もけっこう知っています。その人たちの多くは、日本のいいところを頭からではなく体験から知って、韓国の反日教育にはいろいろと問題も多いと感じるようになります。

しかしながら、そういう人たちも、公の場では日本を誉めて韓国を批判するという構図はまずとれません。そこでは、やはり口を閉じざるを得ないのが実情です。

また一方では、日本人と付き合っていて、何か理解できないことや嫌なことがあってちょっと壁にぶつかると、「やはりこれは日本人の偏見だ」といった具合に、反日のイメージに結びつけて納得してしまう人も多いと思います。私にしても長い間、そう感じていました。それほど戦後韓国の反日教育は、日本人との間に自由で個人的な人間関係を築くうえに大きな弊害をもたらしていると思います。

「韓国人と日本人は神の名においても兄弟ではない」と言った韓国人神父——渡部

私の体験でも、たしかにそのとおりだと思いますね。

私が最初に韓国人の知り合いをもったのは、一九五五年にドイツに留学したときです。私の隣の部屋に、上智大学出身で、すでに韓国の大学の教授になっておられた李先生という方がおられました。私はまだ学生だったんですが、この方とは実に楽しく付き合ったんです。私よりずっと年上なんですが、よく一緒に飲みに行ったりしました。お互いに不愉快な思いなんかしたこともありませんでした。

また、近くに金教授という方がおられました。この方はたしか日本の国立大学の出身だったと思いますが、この人も実にいい方で、とても仲良くしていただきました。

そんなわけで、やはり儒教の国の人はいいなあというのが、韓国の人と付き合って初めてもった印象でした。

　それから一年ほど経って、韓国人の若い神父さんが留学してきました。この人もやはり金さんといいました。この人は最初から日本に向かって牙を剝《む》いているんです。二言目には日本の悪口が出るんです。ドイツ人がいるなかでも、何かと言えば、いつも、日本人なんて真似ばかりやっている民族でどうしようもない、とか言っているんです。私はカトリックですし、神父さんといえば一応、尊敬しているので、文句を言うことは遠慮していたのですが、何度か重なるとだんだんと「この野郎」という気にもなってくるんです。

　あるとき、ドイツ人もいるカトリックの集まりで、この神父さんがまた「日本人ができることは真似だけだ」と言い出したんです。当時は、日本のカメラがドイツに追いつくか追い越すかでドイツ人がピリピリしていたときですから、「日本人の真似」と言えばドイツ人が喜ぶという具合だったんです。そこで私はついに文句を言ったわけです。

「ちょっと待ってくれ、あなたは日本人は真似ばかりすると言うけれど、十九世紀の末に、西洋文明の真似ができると思った有色人種は日本人しかいないんですよ。日本が成功したから、他の非西洋諸国も西洋文明の真似をしはじめたわけじゃないですか。あなたがいまやっている留学にしても、日本がやったからみんなが真似しだしたことなんですよ。当時、日本以外のどこの国の人も、西洋に留学して西洋の知識をマスターしようなんて思いもしなかったんです。日本だけがやってうまくいったのでみんなやるようになり、それであなたもいま、留学しているわけじゃないですか。あなたのところは真似の真似じゃないですか。我々の真似は独創です」

こう言ったんです。それで雰囲気が悪くなってしまったんですが、ドイツ人がまあまあとか言って、「我々は神の名において兄弟である」とその場を収めようとしたんですね。そうしたら、その神父さんは「いや、韓国人と日本人は神の名においても兄弟ではない」と言うんです。集まった人たちはみんな、こう手を広げて頭をふってね、呆《あき》れたといった表情でした。何しろカトリックの集まりですしね。

その時に初めて、李承晩《りしょうばん》（一八七五～一九六五年。一九〇四年渡米。一九二一年以降、米国で独立運動を行い、一九四五年に帰国。一九四八年に国会議員となり、大韓民国初代大統領に選出される）による洗脳がこれなのかとわかったような気がしました。いま考えてみれば、仲良く付き合うことができた韓国人は、ほとんど私よりずっと年上の人ばかりでしたね。やはり、戦前に日本人との具体的な付き合いがあったからでしょうね。

アメリカの韓国人と本国の韓国人は少し違う――呉

アメリカの韓国移民のことを調べる必要があって三カ月ほどアメリカへ行ってきましたが、そこでも、戦前のことを知っている世代の韓国人は日本に対していい印象を語る人が多く、四十代、三十代の人では観念的な日本批判が多いことでは、本国とそれほどの変わりはありませんでした。

でも、本国の韓国人とはちょっと違うなという印象も受けました。やはり、アメリカという第三の土地で接触するからでしょうか、若い人でも、アメリカの日本人とかかわりのある人では、かなりいい印象を語る人が少なくありませんでした。日韓という枠組みにこだわる必要がないので、移民同士、アジア人同士という感じのほうが強くなるのでしょうか。日本人のおかげでアジア系のイメージがよくなって感謝している、という韓国人すらいました。

そういう点で言えば、国際化の進展とともに、よい方向性が生まれてくるのではないかとも思います。

日韓の違いは近代化の違いか——渡部

呉さんが『スカートの風』(三交社)に書かれた韓国で感じることは、我々の子どもの頃の日本はだいたいあんなもんだったと、そういう面が多いです。対女性関係でもそうですし、男が威張るとか、武張ったやつが威張るとか、だいたい同じですよ。もちろん違うところもありますよ。たとえば、イトコ同士は結婚しないとかいうことは日本ではありませんしね。そういうところはありますが、実に似ているんですね。

ですから、日韓の違いは、近代化の段階の違いに過ぎないいんじゃないかという気さえしましたね。

前近代的体質は容易に変わらない——呉

そう言われることは多いですね。韓国は日本の何十年前と同じだという印象があることはよくわかります。

ただ、消費社会という面でみますと、日本と規模は違うものの、内容的には韓国もかなり高度な段階に入ってきていると思います。そうならば、韓国も近代化の歩みのなかで、もっともっと変わっていっていいはずなんです。

ところが、依然として前近代的な面がしぶとく残っていますね。ですから、たとえばこのまま三十年もすれば、韓国はいまの日本のようになるとは、ちょっと言えないんじゃないかと思うんです。

もちろん、似たところはあります。アフリカや東南アジアを見て、日本人が懐かしいと思うことがあるように、韓国にもそういう部分があると思います。でも、そうした部分とは違う、昔の日本に似ているなという部分は、実は共通するアジア的な遺制にかかわるところで、日本をさらに極端化したようなところなのではないでしょうか。

韓国はとくに、アジア的な専制主義の遺制が根強く残っていて、それが国民性としての性格をも形づくっているように思われます。近代まで王朝国家でしたし、またつい最近まで、そうした要素を多分に利用したところもある軍事政権国家であったことから、その前近代的な体質は容易に変わらないいんじゃないかと思います。日本では、韓国と似ている部分は非常に淡い状態としてあったものではないのかと思います。

一つの目安は若者がアルバイトで食べていけるかどうか――渡部

韓国が変わるかどうかということを近代的精神の面からみるとすれば、その目安《めやす》は、若い人がアルバイトで簡単に食えるかどうかというところにあると思います。とくに女性がね。そうなれば、それこそ全部変わりますよ。

いま（一九九二年）はまだ韓国では、そう簡単には若い人が食っていける状態ではないでしょう。でも日本では、贅沢を言わなければ、いくらでも若い人が東京で一人で生活できるんですね。そういうことができると、かなり精神のあり方が変わってくるように思いますよ、ひとつには。もちろん、それだけではないでしょうけれども。

韓国はどこの国とも仲がいいと信じている韓国人――呉

よくわかります。でも、そこまで行くには大変なことですね。というよりは、変わらなければそこまで果たして行けるのかどうかとさえ思います。それで、多くの韓国人は日本人のほうが変わらなければならないと思っているんですね。

この前も、ある韓国人の医者から強く説教されたんです。いわく、世界を見なさい、韓国はどこの国とも仲良くなっていっているじゃないか、ところが日本はあちこちから批判されている、このままだと日本は世界から取り残されるよ、早く日本は変わらなくてはならない――というわけなんです。決して強がりで言っているのではなくて、本当にそう思っているんです。多くの韓国人が、日本よりも韓国のほうがずっと国際化されていると信じているんです。

韓国人の信じがたい主張――渡部

信じがたいことですけど、何とも面白いことですね。いったい、どんなところからそんな考えが出てくるんでしょうね。

韓国人が国際的に見える理由——呉

この点に関しては、相当に日本の事情に明るい人でもそうなんです。私の知っているある韓国人ジャーナリストも、韓国人のほうがよほど国際人だと思う、日本人は少なくとも韓国人くらいの国際人にならなくてはいけない、と言っていました。

実のところは、韓国人はけっこう社交的な面がありますから、一見そう見える、ということなんです。それは日本人自身でもそう見てしまっている人もいるんじゃないでしょうか。アメリカに行ったときにもそれを感じました。

韓国人とも多くの付き合いのある日本人のビジネスマンと知り合いまして、その方が自分のことを、私は日本人的ではないから、人種も何も関係なくどんどん人と会っていくが、この人はどうも日本人的だから、この国際社会アメリカではだめなんです、と仲間のある日本人について言うんです。

それで、その人が韓国人はずいぶん国際的な人たちだと言うんです。なぜそう思うのかと思って、私はその人についてあっちこっちと走ってみたんです。その人が行く韓国人の会社へいくつか行ってみたりして、やはりわかりました。たしかに韓国人たちは人付き合いがよいというか、日本人みたいな人見知りがなくて、誰にでもスッと近づいていけるんですね。それで、その日本人ビジネスマンも、彼らは日本人よりも国際的だと思ってしまっているんです。

韓国人はとにかく活発ですから、誰にでも話しかけていきます。それほど知らない相手でも、積極的に取引を持ち込んだりします。そこだけ見ますと、一見、すごく国際的な関係に長けているように見えるんです。そのため、かえって他のことが見えなくなってしまっているんですね。韓国的な民族性が頑なに主張されていても、欧米的な個人主義みたいに見えてしまう、といった具合にですね。

いったん付き合ったら深い日本人――渡部

何を称して国際化かということは非常に難しいんですが、日本はまあ、世界に最もよく出ている国のひとつでしょう。それだけ出ている以上は、そこの国の商法に従って商売をやって成功しているということですね。ですから、国際化しているはずなんです。韓国人のように気軽に付き合うというようなことはやれてないかもしれませんが、いったん付き合ったら深く付き合うとか、また契約は絶対に守るとか、そうしたことを地道に積み上げていってるんだと思います。

韓国人だけが集まるアメリカの教会――呉

ロサンゼルスで韓国人の教会へ行きますと、文字どおり、韓国人だけしかいないんですね。他のアジア人も白人も黒人もいません。三千人収容できるという巨大な教会へも行きましたが、全員が韓国人でした。また、コリアタウンと言われるように、韓国人だけでコミュニティを作っている。

一方、たまたま日本人の牧師が主催する教会へ行きましたところ、そこには白人も黒人もいるんです。いまや、日本人だけがコミュニティを作っているということもありません。リトル・トウキョウはビジネス街で、日本人の寄り合い所帯といったものではないんですね。

そのへんでも、韓国人のほうが国際化しているなどとは、とても言えるはずはないんです。

それで双方の教会でお説教を聞きましたが、そこでも、韓国の牧師は民族に向かってお説教しているんだな、ということをあらためて知らされました。

韓国人の牧師は、「愛することは人間の力ではできない」と言うんです。いくらその人を愛していようが、自分の力で愛そうとするのは、神さまに対して罪である、どうしたら愛せるかは神さまに任せなさいと言うんです。たとえば、ある人を憎んでいたとして、その人を愛するには「神さま、どうか私があの人を愛することができるような力を与えて下さい」というお祈りをしなさいとなるんです。

一般的には、「神が人を愛するようにあなたも愛しなさい」というふうに言うかと思いますが、わかっていても実際にはなかなかそうはできないことが多いですね。そのため、何か韓国人の牧師の言っていることが正しいようにも思えてしまうんです。

韓国人の牧師のお説教を聞きながら、たまたまその少し前に、日本人の牧師から聞いたお説教を思い出していました。日本人の牧師はこう言ったんです。「人を愛することは相手の過ちを忘れてあげることです」と。その言葉を頭に浮かべていますと、偶然にも、同じテーマについて韓国人牧師がお説教を始めたんです。そこでは日本を引き合いに出すわけです。

キリストを信じる者は受難を受けなくてはならない、弟子たちが受難を受けたように我々もその道を歩まなくてはならない、そして「私に従う者には福がある」とキリストが言っているとして、そのことを日本人と韓国人にあてはめて語るんです。

「わが国のキリスト教徒は大きな受難を受けてきた。日帝時代、どれだけ日本の傀儡《かいらい》軍から我々は受難を受けたことか。しかし、わが国はそれを乗り越えたために、いま、世界で最もキリスト教の繁栄する国となった」

そういう話をしてからこう言うんです。

「我々は我々を苦しめた日本人を許さなくてはならない、しかし忘れてはならない」

日本人の牧師のほうは、人を愛しなさいと、そして人の過ちを忘れてあげなさいと説き、韓国人の牧師のほうは、人の力では人は愛せないと、そして許しても忘れてはならないと、日韓の構図をもって民族に訴えかけるわけです。こんなお説教では、他の外国人が来るわけがないですね。

こうした発言はとくに牧師に限ったことではなく、私も韓国ではずっとそうした教育を受け続けてきましたし、韓国人の常識となっていることなんです。問題は、そういう意見もあるが、それとは別の意見もある、といった多元性がまったくなく、反日の言論一色で塗られてしまうことですね。

その点は戦前の日本と似ていると言う人もいますが、どうもそうとは思えないんです。日本には、いかに巨大な言論があっても、必ず対抗する言論や第三の言論があって多元的でしょう？

昭和十九年からの一年間は日本で統制が進んだ——渡部

戦前、従来の多元的な国内に一元的な統制が進んで日本人がピリピリし出したのは、昭和十九年に入ってからですね。私は昭和十八年に中学に入りましたが、英語の教科書はイギリスの王冠が表紙についているキングス・クラウン・リーダーズを使っていました。内容はメアリーとジョンとかの家庭を中心にしたイギリスのアッパーミドル・クラスの話なんです。一方では、鬼畜米英《きちくべいえい》とは言っていながらもそんな具合でしたね。英語の先生にしても、イギリスの悪口なんか言いはしません。

昭和十九年から急にトゲトゲしくなってきました。やはり追い詰められて、もう敗れるという状況に立たされたからでしょうか。日本が酷いことをしたのは、だいたい昭和十九年の後半から、敗戦までの最後の一年の間ですよ。それまではおっとりしたものでした。

子どもの頃をよく覚えていますが、小学校も中学校も、学校は実に開放的で自由主義的でしたね、私が通ったのは公立の学校でしたが。

もちろん、軍事のことなどもやりましたが、それに教育が引きずられるようなことは特にありませんでした。教育自体はとても進んでいまして、詩を作らせたり作文教育をやったり……。

朝鮮半島はミニ中国化せざるを得なかった――渡部

朝鮮半島は常に北からの勢力を受けていましたが、南部、とくに現在の全羅南道・北道（朝鮮半島の南西部の地域。三国時代の百済があった地域）あたりと日本とは、古くは同じ人たちだったと思います。ただ、シナの文化が圧倒的でしたから、どうしても朝鮮半島はミニ中国化せざるを得なかった。

その点、日本は海があるものですから、こちらのほうから行きたいときに行けばいいのであって、遣唐使などはもう学ぶものがそうないから止めようやというわけで止めてしまった。実に勝手なことのできる位置にあったわけですが、朝鮮半島はそういうわけにはいかなかった。

そのため、コリアでは国文学が日本に比べて乏しいと思います。立派な作品をたくさん残しているのですが、すべて漢文のものなんですね。それも、見事に完全なる漢文です。

国文学を読めないハングル世代――呉

ですから、戦後の韓国でハングルを国字として学んだ者たちには、私もそうなんですが、自分の国の文学が読めなくなっています。そのことがわかっていながらも、あえて漢字を排してハングルを採用したのです。その政策が果たしてどのようなところで有効性を発揮したかというと、文化の面よりも政治的な面でだったように思います。

ナショナリズムの昂揚に役立ったハングルの採用――渡部

それはよくわかるんです。漢文を残せば、シナの影響がいつまでも強く残ってしまう。でも廃止したために、韓国で国文学はかなり難しい状況に置かれてしまったんですね。

ハングルは、そもそも漢字が読めない人のために作られたため、かつては教養ある人はバカにしてハングルを使わなかった。戦後はナショナリズムの時代でしたから、自分たちの独自の表記法をもっているということが世界でも珍しいことでしたから、ハングルの採用は大いにナショナリズムを昂揚《こうよう》させるのに役立ったわけです。

漢字の廃止がもたらした文章表現の変革――呉

最近（一九九二年時点）、漢字教育が復活していますが、漢字を廃止してから十数年という期間は長すぎたように思います。そのため、なかなか漢字の使用が根づきません。ハングルはアルファベットのように表音文字ですから覚えやすいのですが、それに慣れてしまっていて漢字を勉強するとなると、ものすごく難しく感じられてしまいます。はっきり言って、ハングルを勉強するには頭の働きはほとんどいりません。ところが、漢字はそうはいかないわけです。そのため、漢字を勉強していると頭が痛くなってしまいます。

また、漢字の廃止は文章表現の変革ももたらしました。漢字では含蓄に富んだ言い回しも可能ですが、ハングルではその効果を出すことができません。そこで、文章も簡略でより直接的な表現へと変わっていったように思います。

小学校四年生から漢字を入れての漢字ハングル交じり文が教育されるようになっていたのですが、私が五年生になって間もなく、漢字教育が廃止となったのです。たった一年間でしたが、私にとっては、そのときに受けた教育がとても大切なものだったように思います。

四年生から五年生にかけての作文や手紙文の指導では、漢字ハングル交じり文によって、さまざまなレトリックを用いての比喩《ひゆ》的な表現に重きが置かれましたが、私は作文や手紙文では先生に誉められて鼻を高くしていました。ところが、漢字が廃止されて六年生になった頃から、言文一致の表現がよいとされ、喋るように書け、という指導になりました。私は、それまでの教育で身についた書き方をハングルだけの表現でも続けていたので、先生にはずいぶん叱られたものです。

当時、小学校では軍人さんに慰問の手紙を書いて送るのが授業のひとつにもなっていました。私は手紙を書くのが大好きでしたのでどんどん書くのですが、先生からは何回書いても返されて、「直せ」と言われるんです。花が美しいのならそのまま美しいと書けと、それをもって回ったような言い方で書くのは品がない、とそんなふうに言われました。

あれこれと頭のなかで考えた表現ではなく、思ったこと、感じたことをそのまま出したのが立派な文章なのだと、そんなふうに教えられたと思います。私が日本に来て学校で文章を書かされたときには、そのために大変な苦労をしました。

たしかに、私が書く文章は日本語ですとなぜか品がないのです。それで、日本人が書いたものを見せてもらいますと、まさしく、私が小学校四、五年生の頃に習ったような書き方なのです。それで、意識を当時へ戻して、もう一遍、文章を書くということに向かい直したのです。ですから、いまでもそうした文章は楽には書けません。

英語に入りやすいが深くならない韓国人の表現力――渡部

私は言語学者として、呉さんの言葉の観察（『スカートの風』第４章）で感心したところがあります。それは、韓国人の文章は率直でストレートな表現になりすぎていて、そのため最初は英語に入りやすいが、小難しいところまでいくとかなりつまずき、日本人のほうは最初はなかなかうまくならないが、深く入っていくと韓国人よりも英語表現が巧みになるという観察です。これは普通の人はなかなか気がつかないところだと思います。

日常会話的なハングルの文章表現――呉

ありがとうございます。そうしたことも、私が小学校四、五年生の頃の作文教育がなかったなら、そう思ったかどうかわかりませんね。六年生の頃から、いったん自分の書いた文章を先生の言う適切な文章に直すということをずっとやってきましたから、日本に来て間もない頃は、日本人の書いた文章を読んで笑ったものです、なんて品のない文章なのか、と。

普通の韓国人の書いた文章は、日本人に言わせると子どもっぽいんですね。日常会話のように書くため、余韻《よいん》を漂わせるとか、暗に言いたいことを示すとかいう場合に適切な、書き言葉独特の文体ではないものになってしまったからだと思います。

手紙にしても、かつてはまず時候の挨拶《あいさつ》から始めて、雨が降っているということでも、いろいろな表現があることを教わりました。いまでも時候の挨拶はしますが、雨が降っているなら率直に「いま雨が降っています」と伝えればよろしいとされ、用件も日本よりはかなりストレートに伝えるのが普通です。韓国人から来た手紙を日本語に訳して日本人の友だちに見せますと、ギョッとする人が多いですね。ズケズケと失礼だとか、何でこうも威張ったような言い方をするのかと言うんです。

それで、逆に日本人からの手紙を韓国人に韓国語に訳して見せますと、まず本題に入る前にいろいろと書いてあるところは、何のためにそんなことを書く必要があるのかとなり、本題に入っても、遠回しな表現ですから、いったい何を言いたいのかわからない、ということになるんです。

なぜ韓国の表現が言文一致主義をとり、よりストレートな表現を重んじるようになっていったのかは、ハングルを使用しての表現を強調したためだと思います。漢字ですと複雑な概念を巧みに使った文章が可能ですが、ハングルですと表意文字としての漢字の熟語を多用するような表現が難しくなります。ですから、そういう表現を避け、できるだけ固有語を生かして、ということになります。そのため、どうしても抽象的な表現を避けることになり、表現がより具体的、日常会話的になるんですね。北朝鮮だとこれはさらに極端になります。たとえば、「洪水」という言葉を使わずに「水がいっぱいになってあふれること」というように使います。

日本語は漢字を使わないと困ったことになる――渡部

日本語のボキャブラリーの多くは漢字語ですよ。ですから、漢字をまったく使っていけないとなると、これは困った問題になります。英語からフランス語系のもの、ラテン語系のものをみんな抜いてしまったら、それは英語になりませんもの。

韓国語の「こんにちは」、つまり「アンニョン、ハシムニカ」の「アンニョン」は、漢字で書けば「安寧」ですね。いまのハングル世代はその漢字を知らないわけでしょう。それでどうして「安寧」だとわかるわけですか？

水素が「水の素」と知って感心した――呉

「アンニョン」という音声、あるいはその音声を表記した文字が「穏やかで平和なこと」を指示する習慣になっているだけで、「安寧」という漢字とは無関係に成立しているわけです。

たとえば、元素記号のHは水素ですね。韓国ではこれは漢字の音読みでスソ（日本ではスイソ）だと教わるわけです。とにかくHはスソ、Oはサンソ（これはたまたま日本と発音が同じ）という記号対応で覚えるしか手がありませんから記憶するのに大変なんですが、日本語ならば、「水の素」「酸の素」という具合に、日常的な感覚で覚えることができます。

私にしても、スイソが「水の素」だということは、日本語を勉強して初めて知ったことです。そのときには「なるほど、だからスイソなのか」と、その名の由来を知って感心したものです。

また、韓国語には日本語よりもかなり多くの漢字語が入っています。日常的に使われる言葉では七〇パーセントが漢字語だと言われます。日本語では考えられないことでしょうが、現在の韓国語には「山」の固有語が死語になっています。モとかメとかいった「山」の固有語は古い詩のなかなどに残っているだけで、現在では「サン」という漢字語が「山」を表す韓国語となっています。

日本ではなぜ大和言葉が残ったのか――渡部

あれだけ漢文学が盛んでしたからね。それは無理もないでしょう。日本のほうは言葉の面でも「何でも残る式」でいってるんですよ。漢字語もたくさん入りますが、大和言葉もそのまま残る。祝詞《のりと》とか和歌とか、漢語を入れない形式のものがずっとそのまま残っていきました。残っていることがわかっているから、安心して漢字も入れるんです。

漢字語か、固有語か、だんだん区別がつかなくなる——呉

日本語では、漢字があり、ひらがながあり、カタカナがあるということが、大きな特徴ですね。韓国にはハングルしかありませんから、外国から新しい言葉が入ると、そればかりが使われて元の言葉がなくなっていく、ということが起こりやすいのです。韓国では日本語のように、漢字の音読みと訓読みの二通りを使いわけることもないし、西洋渡来の言葉をカタカナで表し、固有語をひらがなで表すようなこともできません。また漢字語とは言っても、中国語だけではなく日本語が相当に多く含まれてもいます。和製漢語（日本人が創造した漢語。特に明治維新以降に、漢語には存在しない西洋の事物を翻訳するために数多く創造された）がずいぶん多いのです。

そういう言葉もみんなハングルで音読みされますから、使っている韓国人のほうでは、どれが中国から来たものなのか、日本から来たものなのか、西洋から来たものなのか、あるいは元々の固有語なのか、だんだんと区別がつかなくなってしまうのです。「割引」は和製漢語ですが、これを音読みすれば「カツイン」となります。そんな言

葉は日本語にはないですが、韓国ではこれを音読みして「ファリン」として導入しています。多くの韓国人はそれを固有語だと思っていて、まさか和製漢語だとは知らないのです。

また、「大売出」が韓国語に入るときには「おおうりだし」で入るのではなく、「ダイバイシュツ」の韓国式の発音で「テメチュル」と入るわけです。なぜ安売りセールのことを「テメチュル」と言うのか、私にしてもそれが「大売出」の音読みだとは、考えたこともありませんでした。その由来も知らずに使っているわけです。

また、渡部さんが『かくて歴史は始まる』（クレスト社）で指摘された、日本人が作った西洋語の訳語である「哲学」も「科学」も「資本主義」も「共産主義」も「帝国主義」も、みんな韓国で使われています。

日本の支援を正確に知らされていない韓国人――呉

言葉に限らず、韓国は実際面では、意識的にも無意識的にも日本の文化を取り入れているのですが、表の面では日本製品の輸入や日本企業の活動に制限を加え、また日本文化が入ってくることにも制限を加えるなど、かなり日本を差別的に扱っています（一九九二年時点）。しかしその一方では、経済的・技術的な援助をもっとしてほしいと要求しています。

韓国は朴政権以降、日本からさまざまな形で資金的な援助を受けており、また造船や地下鉄をはじめとする技術面でも、韓国の復興には日本から大きな力を受けています。しかし、そうしたことのほとんどが、正確に国民に知らされているとは言えません。

また何かと言えば、「日本は三国時代に文化を教え伝えてあげた恩も忘れて……」などということが、第一線の学者の口から出るような状態です。そのため、一般の韓国人にあっても、「いまは韓国が困っているのだから、力のある日本が援助すべきではないか」という言い方が、何か当たり前のようになってしまっています。

文明が伝わる通路にいた者が威張る理由はまったくない——渡部

日本人はいやになるほど韓国を助けたという感じをもっているのです。朴大統領が就任したとき韓国に何があったかというと、朝鮮戦争によって何もなくなっていたはずです。日本の援助にしても、お金だけではなく、ミシンに至るまであらゆる機械を日本から持っていったのです。ですから、援助が足りないというのは日本人には納得がいかないのであって、これまで日本がどれだけ韓国を援助したかをもっと考えてほしいと感じているのですね。

また三国時代にどうしたとか言っても、それは半分伝説なのであり、またその時代の文献は韓国にはひとつも残っていません。日本にしかないのです。しかも、先にも述べましたが、日本に言わせれば、あちらが伝えたというよりは、あちらからやってきたのです。日本から朝鮮に渡って土着した貴族はおりませんが、百済からも新羅からもたくさんの貴族や官吏がやってきて、日本に永住しています。そのことから言っても、あちらから文化をもってやってきたといったほうが適切だと思います。

まあ伝えたという言い方をしてもいいわけですが、でも、なぜそのことで日本が恩を着なくてはならないのかがわかりません。

たとえば、アイルランド人がイギリス人に恩を着せているかということです。カトリックの文明は、アイルランドを通じてイギリスの島に来ているわけです。それは中国―朝鮮―日本の関係と同じですね。それならば、イギリスはアイルランドに恩を感じなくてはならないのかというと、ヨーロッパでそんなことを言う人は誰もいませんよ。

一定の通路を経て文明が伝わるのは当然のことで、その通路にいた者が威張る理由など、まったくないわけです。

姿勢を低くしてお願いすると下に位置づけられた気分になる――呉

韓国人は外国の人から、しばしば依頼心が強く自立心に欠けると言われます。しかし、その反面、自負心が人一倍強いものですから、姿勢を低くしてお願いすべきことでも、「そちらが受け入れるべきだ」といった言い方となり、外国人には傲慢《ごうまん》な印象を与えがちです。

日本人にあっては、相手に対してとる腰の低い態度と実際的な関係とは必ずしも一致しませんが、韓国ではほぼ一致するし、一致することが社会的な上下関係の秩序を保つうえで必要なことだとされます。ですから、「お願い」の態度をとると、どうしても相手の下に位置づけられたような気分になってしまうのです。

　こうした現代韓国人の気質が果たして古くからのものなのか、それとも戦後に形づくられたものなのか。そのへんがよくわからないのですが、私はあとで説明しますが、「両班の装いをした庶民」という戦後韓国人のあり方から来ているものではないかと思うのです。

　たとえば、李朝が徳川幕府になって再び交流を開始するとき、豊臣秀吉の軍の侵出で受けた被害に対して、なんらの謝罪も賠償も要求していないのです。もちろん、その豊臣氏を倒した徳川氏だからということもあったでしょうが、過去を問題にしないというのは、戦後の韓国人の日本に対する姿勢からは想像もつかないことと思えます。

朝鮮総督府が記した韓国人の長所——渡部

　韓国の新聞の連載記事を翻訳した本を読んだのですが、そこに、韓国人は何でも人のせいにしたがるが、これは韓国人の欠点であると書いてありました。そこまではいいんですが、こういう気質ができたのも日帝三十六年の支配が原因であるとあるのです。これではまったくお笑いですよ。

ただ、戦前の韓国人については、戦前の朝鮮総督府資料でもだいぶ誉めているところが多いのです。韓国人のほうが日本人よりも優れているところはたくさんあるとして、いろいろと書いてあります。

たとえばそれは、寛容であり鷹揚《おうよう》であるところ、つまりゆったりとしているところだとあります。そして、とくに両班は日本人のようにこせこせしない、礼儀が正しいと記しています。

また、韓国の教育論として次のような教えのあることが述べられています。足は重々しく、手は恭《うやうや》しく、目は端正で、口はしっかりと締まり、声は静かで頭はまっすぐにして、気持ちは粛然《しゅくぜん》として、立てれば徳があって、顔色がよい――。そのように心得よという教育が韓国では徹底している、これは日本にはないことだと言って誉めているのです。

だから総督府は、韓国古来の良さが失われ、日本の悪いところが入るのではないかと心配していたのです。

笑った顔は品がないという美意識――呉

たしかにそういう教育がありましたし、現在でもあることはあるのですが、かなり形骸化しているように思えます。たとえば、笑い顔は品がないとかいうのですが、それは父が子に対する態度とか、上司が部下に対する態度とか、偉い人物が下の者に対してとる態度だとして残っているのです。これも、庶民による「両班の装い」のひとつだと思います。

現代の韓国は李朝末期の無気力さがなくなった――渡部

ただ、現代の韓国からは李朝末期の無気力さがなくなっています。それは日本人が言うべきことではないとは思いますが、やはり当時の日本人の休まずに動き回るような活動的な面に接してのことではないでしょうか。

韓国で戦後にビジネスを始めた人の多くは、戦前の日本の学校を出たり、日本人をよく知っていた人たちでしょう。その次の世代が両班のほうに戻るのか、それとも自分のお父さんのような線でいくのか、そこに注目したいと思います。

見た目で客の扱いが変わる——呉

話は変わりますが、韓国に旅行に行った日本人から、韓国人はなぜ人のことをジロジロ見るのかということをよく聞きます。どうして日本人だとすぐにわかるのかと言うんです。でもそれは、相手が日本人だからではなく、また反日感情からではなく、誰に対してもそうなんです。同世代の女性の間ではとくにそうです。どんなものを着ているかとか、美人かどうかとか、他者に対する対抗意識が強くてそうするんですね。

私も人のことを言えた義理ではありません。電車に乗ったり喫茶店に入ったりすると、無意識のうちに周りの女性に目を向けて、いわば品定めをしてしまっているんです。ですから、韓国で喫茶店に入ったりしますと、サッと女性の視線が集まってきます。それでちょっと貧弱な服装をしていたりすると、スッと無視されてしまうんです。

私の親戚に日本人の奥さんをもつ在日韓国人がいるのですが、その人は韓国に行くときは必ず上等なスーツを着てネクタイをピシッと締めていくんです。それで日本人の奥さんが「ちょっと遊びに行くんだから、セーターでも着ていきなさい」と言ったら、「お前は韓国のことがちっともわかっていない。そんな恰好で韓国へ行ったら、どこの店でも無視されるんだ」とえらく怒るのだと言っていました。

特に、レストランにセーターを着て入ったり、デパートにジーパンをはいて行ったりしますと、間違いなく軽く扱われます。外見が貧弱か立派かで、お客の質を決めるんです。いくらお金があっても、いくら社会的にいい位置にいても、貧弱な恰好《かっこう》をしていれば何の価値があるのか、それに相応《ふさわ》しい生活をしていてこそ、また相応しい服装をしていてこそ価値もあるし意味もある、と考えるのです。

韓国で美しい山は岩山――渡部

朝鮮総督府の研究によりますと、韓国と日本の違いはゲオグラフィ（地理）のみならずゲオロギー（地質学）だというんです。韓国の地質は古いのだそうです。地盤が固く地震もない。日本には年中、地震がありますからね。そのへんにも関係があるのではないかというのです。戦前、韓国に長くいた人が、韓国にいると何か静穏な気持ちになるけれども、日本に帰ってくるとなんだか落ち着かないと言ったのを読んだことがあります。

韓国で美しい山と言えばみんな岩山ですが、日本の地質は新しいものですから、日本の山と言えばたいてい、鬱蒼《うっそう》たる緑に包まれた、まだ生きている山ですね。

結婚しない女性ほど家族にとって惨めなものはない――呉

なるほど、地質の違いですか。深く考えたことはありませんが、そのへんからくる自然環境の美意識にも微妙な違いがありそうですね。まあ、いろいろな違いがあるわけですが、私個人のことで切実に感じるのは、いまの私のような生き方は韓国では容易なことではできないということです。

今度、数年ぶりで故郷へ帰ってこようと思うのですが、一番気になるのは、日本で本など書いて何やらやっているかもしれないが、なんで結婚しないのかと両親に悲しまれることです。年をとりながらいまだ結婚もせずに娘が独りでいることほど、家族にとって惨《みじ》めなことはないのです。大阪で親戚の集まりがあって行ったときにも、叔父や叔母の世代からは、身内にお前みたいなのがいると恥ずかしくて仕方がないから、早く結婚してくれということを執拗《しつよう》に言われました。

日本ではオールドミスだからといってどうということはないのですが、韓国ではもはや女としては魅力的ではないのです。私も若い頃はそう思っていて、オールドミスは女の一員とすら見なかったものです。でも、いまや私がそうなってしまって、最近では若い子からはもう女のお役御免の存在みたいに見られています。

ある出版社に勤める男性から、自分の会社では女性社員の三分の二が結婚していないということを聞いて驚きました。私と同じくらいか、年上の独身女性がたくさんいるそうで、私は思わず「彼女たちは社内で惨めに思われてはいませんか」と聞いてしまい、「とんでもない！　ぼくより威張っていますから」と言われたことがあります。

そういうわけで、オールドミスとなったいまから言いますと、本当に日本にいてよかったなと思うのです。こんな状態で韓国にいなくてはならないとしたら、ゾッとします。年とった独身女性ならなおさらのこと、男性社会のなかに入って対等にものを言うことなど考えようもありません。

日本に駐在している韓国人ビジネスマンたちと話をしたのですが、たしかに私が物を書いているということでは一目置いてくれるのです。でも、生活文化に関することなどは女性にできることだからと聞く耳をもってくれるのですが、日韓関係がどうしたとかいうようなことを言ってもほとんど聞いていないことが明らかなのです。

上が変わると一気に変わるのではないか――渡部

韓国で男ばかりが威張ってるような状態は、私は案外、コロッと変わるように思います。たとえば、ものすごく強力な大統領が出現して、外国へ行って「あなたの国は女性の閣僚が一人もいない遅れた国だ」とか思われていることがわかると、いきなり女性の外務大臣をつくるとかいうことが十分起こり得るように思います。

そのように、上のほうが変わるとそれで一気に変わってしまうという、韓国はそういうことが大いにあり得る国のように思うんです。上のほうの方針で急激に変わることがよくありますからね。

韓国ほど女が男に殴られる国はない──呉

最近（一九九二年時点）は、女性の社会的地位の向上のため、また男女関係での男性優位主義を改めようとする女性の運動が盛んになっていて、女性雑誌などでもそういう記事がけっこう目立つようになってきました。

ある女性月刊誌の見出しに、「韓国ほど女が男に尽くす国は他にないが、韓国ほど女が男に殴られる国もまたない」とありましたが、実に象徴的な言い方だと思いました。

ただ、女性の地位が低く弱いから女性がすべての面で言いたいことを言わないのかというと、そうではないのです。たとえば、夫に社会的な力があれば、夫の部下に対しては強いことも言います。また嫉妬心が強いですから、浮気をしようものなら、それにはものすごく反発します。教育面では母親がどんどん口を出します。また、威勢がよくなければできない市場の仕事とか、建築現場での雑用なども多くが女性の仕事となっています。特に、下層のお母さんたちは強いですよ。もちろん、内面的にも強いかどうかは別問題ですが。

両班の服をまとった庶民の文化――呉

現代の韓国は、「両班の服をまとった庶民」の文化と言えばよいのではないでしょうか。

李朝の時代に庶民が描く理想的な生活といえば両班の生活でしたが、李朝の末期になると支配の力が次第に緩み、お金で両班の身分を買うことが可能な状態も生まれました。同時に、家系図（族譜《ぞくふ》）を書き換えて自らを両班の家柄に見せかけることが横行しました。そして、戦後は朝鮮戦争のために多くの戸籍が焼失したり紛失したりしたこともあって、いまではほぼ一〇〇パーセントの人々がみんな両班の家の出になってしまっているとも言われます。

現在では、かつての庶民の憧れであった両班が企業の社長へと変わっていますから、サラリーマンでもほとんどの人たちが社長になりたい一心で働いていると言ってよいでしょう。しかも、そこで考えられている企業の社長は、日本のように、現場に立って汗を流すこともあり、また猛烈社員を凌ぐ多忙なビジネスの毎日を送る社長ではありません。目指されているのは、部下に命令を下す以外に自ら動くことがなく、まさしくかつての両班のように、武、工、商を下に見て指図して動かすことを仕事とし、自分の好きなことのできる自由な時間と財力をタップリもった上流階級なのです。

また、庶民が両班を目指すとはいっても、その高級文人としての教養、礼儀作法、品格など、つまりそうした文化的な伝統を身に帯びて庶民から脱出していくということではないのです。庶民がその庶民としての肌合のままに、両班の装いを自らのものにしようとする。そこから生まれる二重性に、現代韓国人と現代韓国文化の特徴を見ることができるように思います。

第3章

日本と韓国の決定的な差はどこにあるか

——王家が絶えていない国と絶えた国

母国批判をどう考えればいいか——呉

渡部さんの『日本史から見た日本人・古代編』（祥伝社）以下のシリーズをとても興味深く読まさせていただきました。特に、日本人の心の歴史は一筋縄ではいかないところがあって、ああでもない、こうでもないと考えていたものが、何かスッと見えてくる、ああそうかと、これまでの胸のつかえが取れるような、そんな感じを随所で抱きました。それで読みながらふと思ったのですが、「はじめに」のところで、「誰でも自分の親のことについては悪いところをカバーして話すように、自分も日本のいいところを述べたい」といった意味のことを書いていらっしゃいますね。たしかにあのご本では、「よき日本」の姿をいかに描くか、というところに力が注がれているように思います。

そこで、自分がいまやっていることを考えてみますと、私はどちらかというと韓国の悪いところを述べたてることが多いわけです。渡部さんは私みたいに母国批判への傾斜の強い者をどうお感じになるだろうかと、改めて思ったりしました。そのへん、どうお考えでしょうか。

相手のことがわかれば仲良くなれるというものではない――渡部

問題は、愛情のある批判か愛情のない批判かなんですね。日本の左翼の人の日本批判はずっと愛情のない批判だったんです。こういうのは困りますが、愛情のある批判はあったほうがいいですね。私にしても日本の悪口をずいぶん言っていますが、愛情をもって言っているつもりです。左翼の人たちはそもそも、日本という国がなくなってもらいたい、くらいに思っているわけでしょうね。呉さんの母国批判はそういう批判とはまるで違う。読めば愛情のある批判だということはすぐにわかりますよ。

呉さんが書かれた『スカートの風』に、呉さんがどのようにして日本の生活に慣れ親しんでいったかということが書かれていますが、そのプロセスが非常によかったですね。最初は日本に来て日本人が摑《つか》みどころがなくてノイローゼみたいになり、それからちょっとパリへ行って、戻ってきてからなんとか日本へ入り込んだという……。

私なども若い頃、イギリスやドイツへ行って似たような感じをもちましたので、よくわかるような気がしました。初めのうちは憧れて行ったものですから一年ほどはいいんですが、二年目くらいから何だか嫌になってしまう。そして、もう少し居ると次第に良さがわかってくるんですね。その間の心のプロセスがとても正直に描かれているように思いました。

「うん、うん、よくわかる」といった具合に、相手のことがわかれば仲良くなれるというもんじゃないんですよ。そうならば、ユダヤ人もとっくにヨーロッパに溶け込んでいるはずですから。しかし、「わからない、どうも違う」というその「違い」がわかれば、それできちんとスタンスがとれるんです。呉さんの本はそのへんがいいんですね。

地勢が違うから外来文化の入り方が違う――渡部

文化にしても人間にしても、最初に方針が同じものでも、途中でちょっと変わると時間とともにどんどん変わっていくものです。私はそれを甲殻類に譬《たと》えたことがあります。エビとカニの先祖は同じなのですが、エビのほうは下半身を鍛えていって下半身が強くなり、ハサミなんかは小さくなっていった。ところがカニのほうは、上半身を鍛えていってハサミが発達し、下半身はカニのフンドシと言われて小さく腹にへばりつくような形に退化していったわけです。両方強くなったのがザリガニで、両方ダメになったのがフジツボなんですがね。

そんなふうに、初めは同じでも、途中でどっちに行こうかと決めたことが違うと、その差がどんどん大きくなっていくんです。いいか悪いかの問題ではなくて、何らかの条件からくる方針の変更に基づくものだと思います。

また、日本と韓国とでは地勢《ちせい》の違いが最も大きいと思うのですが、そのため外来の文化の入り方が全く違ってきます。シナというとてつもない文明が地続きにあるところと、玄界灘の荒波を隔てているところとでは、文化の入り方も受ける影響力もまるで違うのです。

時間が経てば韓国は日本のように変わるのか——呉

日韓の違いは地勢が大きいというのは私もそのとおりだと思います。そこで再び考えさせられることは、先ほど言われたように、韓国は何十年か前の日本とよく似ているという部分も含めて、韓国は時間が経てばいまの日本みたいに変わると言えるのかどうかということです。

たしかに変わる部分は多いと思います。でも、日韓がエビとカニほどに違っていったのだとすれば、その根本で形づくられてきた韓半島的なものは、今後も容易には変わらないようにも思えるんです。その点をどう区分けしていいか十分にはわかりませんが、その変わらない部分を維持しつつ近代化を遂げるのだとすれば、韓国にはどのような変革が訪れるのか、そのイメージがどうにも作りにくいのです。

王家が絶えていない国と絶えた国――渡部

いまとなっては、韓国では王家が絶えてしまっています。王家が続いている国と絶えている国とでは、やはり近代的な歩みも違ってくると思います。かといって、我々がいつも皇室を意識しているわけではないのです。ところが、正月になると、一時に三百万人もの人が明治神宮にお参りに行く。韓国にいかにキリスト教が普及しているからと言っても、またキリスト教会がいかに大きくとも、一つの教会に三百万人が列をなすことはないですね。

日本では政権がいくら代わっても、精神性にはほとんど影響がないんです。幕府がどんな幕府に代わろうとも、それによって日本人の精神的な方向性が変わることはありませんでした。それは、常に文化の中心に皇室があり続けてきたからです。

政権交代は生活に直接結びつく――呉

韓半島では王朝交代が繰り返されてきましたし、そのたびに、多くの場合は前代の文化や価値観を引き続き発展させることよりは、ガラッと変えてしまうことに力を注いできました。そういう意味での革命主義なんですね。

それが韓国の政治的な伝統ですから、現代でも大統領が代わると社会生活には大きな変化が訪れます。ですから韓国人の政治意識は、日本のように、どんな政権になろうと庶民には大きな影響はない、といった気持ちとはまったく違うものです。大統領命令で突然に教育方針が変わるとか、輸入制限がなくなるとか、そういうことがたびたびありますので、自分の目先の生活に直接的な関係が出てきます。そのため、大統領が誰になるかは、韓国人は日本人には想像できないほど大きな関心をもっています。

島国だったことが伝統を持続させた――渡部

戦争で負けたときにも、天皇は残るし、官僚制度もそのままだし、正月になれば神社に参拝することもできるしと、大きな変化がなかったですね。駐留したアメリカ軍もいろいろ考えたようですが、根本的には手がつけられなかったのでしょう。

伝統が変わることなくこれほど持続したのは、日本が島国だということが大きいと思います。その点では、イギリスとは共通点が感じられます。

イギリス人は元来はドイツ人です。アングル人とかサクソン人とか、みんな大陸から移っていった人たちがいまのイギリス人ですね。彼らは島に二、三百年住んでいるうちに大きく変わっていって、いまのドイツ人とはずいぶん違う民族になっていったわけです。

容易に変わらない韓国とあっという間に変わってしまう韓国――呉

イギリス人にとってドイツ人がどう感じられているのかはわかりませんが、日本人は多くの人が、「韓国には日本の昔がある」と感じているようです。そのことはわかりますが、私が日本に来て最初に感じたことは、それとは逆に、「日本には韓国の昔がある」ということでした。そのことについてお話ししてみたいと思います。

韓国にいる時分、近代化とは西洋のものをどんどん受け入れて西洋化していくことだと思っていました。ですから、日本はほとんど西洋化されていて、東京と言えばニューヨークと変わらないような都市に違いないとイメージしていたわけです。ところが、東京へ来てみますと、何やらひと昔前の私が幼かった頃の韓国を思わせるところが少なくないんです。

たとえば、ファッションですが、韓国では上流階級から下層の庶民に至るまで、パリのニューモードをそのまま取り入れての西洋化がなされます。日本の場合は、先端ではニューモードそのままの受容があったにしても、広く見ますと、何年も前の髪型やモードが残ったまま重層化していて、ニューモードにも影響を与えているんです。また、意識的に日本の古い農村から題材をとったニューモードが試みられたりもします。ですから、東京のモードを見ていますと、「あっ、これは昔の韓国でも流行ったものだな」と思うことがたびたびあるのです。

目に見えることでは、変わり方がきわめて柔らかいのですね。心の面では、武家や古い商家で伝統的に重んじられてきた礼節なのでしょうか、あるいはアジア的、儒教的な礼儀と言ったらよいものでしょうか、そうした韓国にも共通する人に対するときの礼儀作法が、超近代都市・東京の生活者のなかにもいまだに残っていることが感じられて驚きました。なかには韓国ではすでになくなってしまったものもあって、「懐《なつ》かしいな」と感じたものです。

特に、他者に対して感情を露《あら》わに表現しないで一定の節度を守ろうとする礼儀のあり方は、日本では現在でも一般的に見られるものですが、現在の韓国ではすでになくなっていると言ってよいでしょう。李朝の時代、上流の者は感情表現をストレートにしないところに一種の品格を感じさせていて、庶民にとってもそれは見習うべきものとしてありました。しかし、解放後の韓国ではより率直なことが尊ばれ、それはそれでいいのですが、感情表現までやたらに率直になって、次第に日本的に言えば直接的に過ぎると言えるような表現が一般化されていきました。

他にもたくさん例をあげることができますが、韓国に古い日本があるのとはまた違った意味で、日本には古い韓国があると思うのです。そこには、近代化とは何かという認識の違いと、そこから来る近代化の成し遂げ方の違いがあるのではないでしょうか。

容易に変わらない韓国と、あっという間に変わってしまう韓国――この両面を統一的に見ていかないと、韓国の現在もその先行きも見えてこないように思います。

神仏混淆的な宗教性はいまもあとを引いている――渡部

私がドイツに留学したときの恩師は、キリスト教が入る前の古代ゲルマンの研究者として名高い人物なんです。その先生がのちに日本に来られまして、上智大学で三カ月ほど客員教授をやっていただいたことがあります。最近も四週間ほど日本にいらっしゃっていましたが、その先生が神社に行ったときに、大木に注連縄《しめなわ》がしてあるのを見て、こうした樹木信仰はキリスト教が来る前の古代ゲルマンの世界と同じだとおっしゃっていました。

ですから、日本には本当の原始の姿が残っているんですね。ドイツやイギリスで完全になくなったキリスト教以前の文明が、そっくり日本に残っている部分があります。このことは民俗学的に面白いところだと思います。

さらに言いますと、日本には神仏混淆《しんぶつこんこう》という事態が生じましたが、そこには、本地《ほんじ》垂迹説《すいじゃくせつ》という、とてつもない神学があるんです。

まず仏教の法（法則）というものが抽象的にあって、これを法身《ほっしん》と言い、それが具体的な形（応身《おうじん》）をとると釈迦になる、こうした考えが仏教にあります。さらに言うと、この釈迦が日本に入ると日本の具体的な神様として姿を現すと考えるのが、本地垂迹説です。この、神仏を一緒にした神学がずっと幕末までいろいろと論議を生みながら続くんです。ですから、神社なのか寺なのか、神様なのか仏様なのかわからないものもあるんです。私の郷里の月山《がっさん》（山形県中部の鳥海山脈に属する海抜一千九百八十四メートルの火山）の麓には、山岳で修行し、断食して生きたままミイラになるという生き仏の信仰がありましたが、これなども、仏教なのか神道なのかはっきりした区別はつけにくいですね。いまは寺にあるので仏教ということになってますが。

そういう神仏混淆的な宗教性が、単に過去にあったというのではなく、いまにまであとを引いているというところが面白いところですね。

多元的な世界が現在の文明にまで影響する日本——呉

まさに自然信仰を基盤にしての多元的な世界を現在の文明にまで及ぼしているのが日本なのですね。一方、韓国は李朝時代以降、現在に至るまで、きわめて一元的な世界を作り上げてきた国ですが、日本ではいつ頃から、いまのように多元性に富んだ世界が生まれたのでしょうか。

カミもホトケも区別しない信仰心——渡部

日本は初めから多元的な国でした。最初にケンカがあったのは日本に仏教が入ったときです。その前からあった神道とぶつかったんですね。でも結局は、両方ともいいということになったんです。

異説もありますが、欽明《きんめい》天皇の時代に初めて日本に仏教が伝えられた（五三八年）のですが、だからといって神道をなくすことはしなかった。たとえば、東大寺を建てるときには宇佐八幡宮の許可を得るとか、伊勢神宮に勅使を出して許可を貰うとかいう具合に、あくまで日本の神を立てて仏教を広めたわけです。天武《てんむ》天皇なども、国民はすべて家のなかに仏壇を設けなくてはならないと言う一方で、伊勢神宮の式年遷宮の制度を決めています。両方やりなさい、ということなんですね。

そういう下地があるものですから、のちに儒教が来ても何が来てもすべて相対化されてしまいます。また、仏教も日本化された日本仏教になっていきます。日蓮宗にしろ浄土真宗にしろ、日本独自の仏教ですね。そうして仏教が日本に土着していったのですが、徳川時代ともなると、多くの人は自分の家の宗旨が何かも知らないようになっていきます。宗派の信仰にこだわりを持つことなく、カミもホトケも区別することなく信仰する心が強いからなのです。ですから、徳川時代には神道でも儒教でも仏教でも、何でもいいから自分の心を磨けばよいという心学という学問が生まれるようにもなります。

たったひとつ、日本が徹底的に排除したのが、徳川時代のキリシタンです。これは、島原の乱で痛い目に遭ったということと、徳川幕府が何をおいても戦国の動乱を治めての平和維持を第一の目的としたため、外国との関係をすべて切ってしまう政策をとったからでした。これは特別のケースと見なくてはならないでしょう。

韓国社会は一元的な世界である――呉

韓国ではいま（一九九二年）、消費社会化の進展に伴って多様化が急速に進んでいますが、それはあくまで、いまだある同一性内部での多様化だと思います。さまざまな価値観が相対化された多元性に富んだ社会は、韓国の消費社会には依然として見ることができないと思います。

ですから、韓国の社会を見る限り、そう単純に消費社会が進めば人々の考え方も多元性をもつようになるとは言えないように思います。韓国の場合、ひとつの中心軸を取り巻く物事の多様化は進みますが、日本のように軸がいくつもある多元的な世界といった構図を考えてみますと、そう簡単に生まれるものとは思えないのです。

何が韓国の社会をそうさせているのか、またどのようにすれば韓国の社会に多元性がもたらされるのか、そのへんがはっきり見えてこないのです。

朝鮮半島南部から消えた神道――渡部

古代、朝鮮半島に仏教が入りましたね。仏教の前の宗教は何だったのでしょう。シャーマニズムだとすれば、それは日本で言えば神道ですね。不思議なのは、朝鮮ではその後、神道がなくなってしまうことです。朝鮮半島で新羅と百済が戦った白村江《はくすきのえ》の戦い(六六三年)で、敗れて日本へ逃げてきた百済の人たちは、近江《おうみ》の辺りに神社を創っているんです。ですから、朝鮮でも古くは神道だったと思うんです。

少なくとも、朝鮮半島南部と九州北部は、当時は国境もなくて同じ人間が行き来していて言葉も通じていたと思います。そうでなければ、日本が百済支援のためにあれだけの大軍を出すわけがない。日本へ逃げ損ねた半島の日本人たちは、当時の船の状態からいって、あらかた百済あたりに残って住み着くことになったはずです。

彼らは言わば引揚者みたいなものですから、私は帰化人というのは引揚者というのが正しいと思うんです。そういう人たちが日本で神社を創ったということは、神道という点で、少なくとも朝鮮半島南部と日本では一致があった。ところが、日本ではそれが残り朝鮮ではそれがなくなる。多元性の問題もそのへんと大きくかかわってくると思います。

国家的な制度に組み込まれた日本のシャーマニズム——呉

新羅時代、高麗時代と仏教が隆盛を誇りますが、李朝になって仏教が中央から遠ざけられます。そこから、儒教が国家統治の原理となり、また民衆の生活原理ともなって、儒教による強固な一元化が行われるわけです。しかし、それでもシャーマニズムは庶民の間にしっかりと残るのです。韓国の儒教は民衆のシャーマニズムの上に乗っかっていると言ってよいのですが、韓国のキリスト教の隆盛もまたシャーマニズムと切り離して理解することはできないように思います。

そういうことからも、韓国でもシャーマニズム——神道が残り、他の宗教や思想に影響を与えたり溶け込んだりしているわけです。しかし、日本とはシャーマニズムの残り方が違うのです。

韓国のシャーマニズムは部分的に制度に組み入れられた面はありますが、それ自体として制度化されることはありませんでした。でも、日本のシャーマニズムはある種の昇華を遂げることによって、そっくり国家的な制度に組み込まれてもいったように思います。その制度は民間の神社参拝の習慣とも結びつき、また民間に宗派を生み出すようにもなっていきました。

なぜ、日本のシャーマニズムは、他の多くの地域でそうであるように、単に民間信仰として残存するだけでなく、さらには制度的なものともなったのでしょうか。

日韓のメンタリティに大きな違いを生じさせたこと——渡部

言ってみれば、古くからの百済の王様の宗教が、仏教が入ったあとも残り、その王様の朝廷が延々といまに至るまで続いた、というのが日本なんです。日本ではシャーマニズムが社会の下層民の間だけに留まったのではなく、文化の中心である天皇のところでも留まった。そこからさらに下のほうへと広く行きわたっていったわけです。

このことは、日本と韓国の間のメンタリティに大きな違いを生じさせていると思います。

なぜ神道には清浄感が漂うのか——呉

なぜそのような残り方をしたのでしょう。そこのところが不思議ですね。そういうことと関係があるのでしょうか、日本の技術が優秀だと言う場合、それは西洋人の技術が優秀だと言うのとちょっと違うように思います。物を作るというところにも無意識のうちにカミを感じているのが日本人だと思うんです。刀を作るのも器を作るのも、かつてはそれが神道的な神事としてあったように、現在の技術においても無意識のうちに神道的なものが媒介されて西洋の技術が活かされている、そのように思われてなりません。

日本の神道はシャーマニズム一般とイコールで結ぶわけにはいかないと思います。韓国にも他のアジア地域にもシャーマニズムは残っているのです。でも、それらは韓国でもそうですが、もっとドロドロとしていて、日本の神道のように清浄感の漂うものではありません。なぜ日本ではそうなのか、ということがよくわからないのです。

韓国のシャーマニズムと東北のイタコ――渡部

韓国のシャーマニズムは、日本で言えば東北のイタコさんがやっているようなものですね。

シャーマニズムからドロドロしたものが削ぎ落とされた神道――呉

そうです。東北のイタコとか沖縄のユタとかに対応するのが韓国ではムーダンですが、そういう土着的なシャーマンの行う呪術《じゅじゅつ》や儀礼が、アジアのシャーマニズム一般のあり方です。日本にも同じものがあるわけですが、日本の場合はそこからさらに発展して神道というひとつの宗教的なあり方の枠組みが作られ、その段階でドロドロとしたものが削《そ》ぎ落とされていったと、そういうふうに考えてよいのでしょうか。

神道は文化の中心にあった――渡部

というよりは、神道が文化の中心で受け入れられていたからですね。そういうことをしたのは日本だけかもしれませんが、シャーマニズムは日本でも、教養のない文化の末端ではドロドロとしてくるのですよ。神道がそうではなくなるのは、それが教養ある文化の中心にあったからなんです。韓国の場合は、教養人たちが初めは仏教を文化の中心にし、次に儒教を中心にしてきた一方、シャーマニズムはずっと無学の人たちの間だけのものとしてありました。そのためにドロドロとし続けてきたのだと思います。

なぜ知識人がシャーマニズムを選んだのか――呉

シャーマニズムが文化の中心にあったということは、知識人たちが意識的にそうしてきたということなのでしょうか。韓国の文化の中心はシャーマニズムを選択しなかったけれども、日本では選択したのだとすれば、それはなぜなのでしょうか。

残るか、残らないかはわずかの差だ――渡部

偶然に残ったのでしょうね。残るか残らないかはわずかな差なんだと思います。私はそれも地勢が一番関係しているように思うんです。

朝鮮の場合は、いい宗教が来て王様がそれに改宗すると、半島ですから改宗したくない人たちがシャーマニズムを持ち続けて発展させるといった「逃げ場」がない。そこで、教養人たちも一律改宗することになってしまう。しかし日本にはものすごく深い山がありますから、嫌なものが来ればケンカするよりそこへ逃げたほうがいいということになる。しかも、外界の敵から安全だという意識が常にありますから、韓国とは違って、内部の事情で勝手にやれたということもあったでしょうね。

朝鮮総督府の部外秘資料に出てくる創氏改名――渡部

話は変わりますが、朝鮮総督府部外秘の資料を見ますと、韓国のいいところはいい、悪いところは悪いと客観的に述べていて、何らの偏見も見られません。責任ある統治をするには冷静な判断が必要だったからですね。

それらの資料には、戦後にはほとんど伝わっていない当時の日韓事情が描かれていて、とても興味深いものがあります。たとえば、昭和二年の記事に、内地に来ている労働者は内地人の姓を名乗っているということが書いてあります。そして、彼らが内地姓を名乗るのは、内地人が強制したのではなく、彼ら自身が好んでそうしたものである、とあります。特に、親方の姓を襲《おそ》うことが流行し、親方が木村一郎であれば、そこで使われている韓国人は木村二郎、木村三郎などと名乗り、ひとつの地に木村十五郎までいた例もあるそうです。

ですから、創氏改名はそういう状況を踏まえて、もっと日本人名を名乗りやすいようにしてほしいという韓国人の要求に応えて、南次郎総督（一九三六年から一九四二年まで朝鮮総督を務めた陸軍大将）が昭和十四年に認可したというのが実情なんです。

創氏改名が日本の強制によるものなら、台湾ではなぜ行われなかったかを考えてみなくてはなりません。台湾のほうが植民地になったのは早いですしね。しかし、台湾人は名前を変える気がなかったので、そうした声があがらなかったわけです。

男子単系血族を守り続けることが家族制度の目的――呉

初めて聞くお話でびっくりいたします。当時の詳しい事情はいまの私には確認のしようもありませんが、ただ、現在の韓国人が先祖以来の姓を非常に大事にしていることはたしかです。

韓国には二百五十前後の姓がありますが、そのうちの十の姓が全体のほぼ五〇パーセントを占めています。ですから、金、李、朴、崔、鄭などの姓が目立っているわけですが、同姓でも金海金氏とか全州李氏とかいうように、それぞれ先祖の発祥地（本《ほん》貫《がん》）を冠した同族名をもっています。この同族は、宗族《そうぞく》と呼ばれる男子単系血族で構成される同姓血縁集団であり、族譜《ぞくふ》という系図でその連続性を代々伝えるという文化をもっています。現在（一九九二年）でも原則的に同姓の結婚は禁止されていて、どうしても同姓で結婚したいのならば、本貫が別である証拠を示さなくてはならないようになっています。

この男子単系血族としての宗族を守り続けることが、韓国の家族制度の第一の目的であるものですから、私には戦前の韓国人が創氏改名を希望したとは想像もつきません。

朝鮮半島ではシナの姓に代えていった――渡部

韓国の姓は金でも李でも、みんな元はシナに発する姓ですね。『日本書紀』などに残っている百済人の名前を見ますと、キムチクムスチとか長いのです。少なくとも南部の百済あたりの土着の人々は、元々はシナ渡りのものとは違う固有の姓を名乗っていたと思います。それを朝鮮半島ではみんなシナの姓に代えていったわけです。ですから朝鮮半島における創氏改名は、古代からだんだんに進んで、李朝になって徹底されたものとしてまずあったわけです。なぜかと言えば、儒教を国家の制度思想として取り入れたからで、そのために父系の祖先祭祀を行う血縁集団のシステムが必要になったからでしょう。

日本の姓はいいかげんなものです。だいたい、トップの天皇家に姓がないんですからね。姓を必要としない、隔絶した存在であることが天皇の誇りでもありました。

姓にまつわる日本蔑視――呉

韓国では、日本人には元々は姓のない人が多く、ほとんどが近代になってから作られたのに対して、韓国人は古くから姓があった、それだけ韓国では先祖がしっかりしているのだと、そうした言い方がよくされます。それは、血縁集団の紐帯《ちゆうたい》の強さと持続に価値を置く韓国人特有の日本蔑視のひとつともなっています。

日本人は韓国人ほど姓にこだわらない――渡部

韓国で最も古い文献は『三国史記』(一一四五年)ですが、それは日本で言えば武家時代の成立する少し前で、それより古い文献は韓国には残っていません。日本には八世紀からのものが残っていて、朝鮮半島の人々の名もたくさん記されています。ですから、姓名の故郷を訪ねるならば、日本の古文献を見るのが一番なんです。

日本の姓名は古くは臣《おみ》、連《むらじ》などという形でありましたが、それらはすでに『古事記』（七一二年）に見られますから、かなり古くからあったと言っていいでしょうね。ですから、姓名の発祥が韓国と日本とどちらが古いかはわかりませんが、少なくとも日本のほうがあとで韓国のほうが先だと言える証拠は何もありません。

明治以降になって作られた姓が多いことはたしかですが、江戸時代のお百姓さんでも姓はあったんです。ただ、徳川幕府がそれを名乗らせなかった。しかし、位牌《いはい》の裏にはちゃんと姓を彫ったりしていました。もちろん、下層階級の人たちで姓をもたなかった人たちもいて、そういう人たちは明治になって作ったのです。ですから、近代以前の日本には一部に姓があったのではなく、大部分に姓があったのです。

日本人は韓国人ほどに姓にこだわらないんですが、そこには、どこか日本人全部が親類だという気持ちがあるんです。中心の天皇家があって、その下に天皇家と血縁関係のある藤原氏、橘氏、源氏、平氏などがあって、その系統がずっと庶民のほうまで繋がっているという日本人全てが血縁関係にあるといった感じがあるんです。

また、日本では儒教が家族制度に大きな影響を与えませんでしたから、シナや韓国から見れば、日本は古くは近親相姦だらけです。遺伝学の知識が入ってこの頃は少なくなりましたが、私の周囲でも、とくに田舎ではイトコ結婚は普通にありました。

イトコ同士で結婚する不道徳な人たち――呉

戦後の韓国ではなにかと日本を低く見たい意識がありますから、日本人のイトコ婚もよくやり玉にあげられます。韓国では十親等の間柄までが一応、親戚ということになりますが、それ以上の距離があっても、先ほどもちょっと触れましたように、同姓で同本（同じ本貫）であれば伝統的に結婚は不可能とされてきました。それは現在（一九九二年）でも変わることはなく、民法（八〇九条）にはっきりと規定されています。

そういう韓国の婚姻制度があるものですから、日本人の悪口を言いたいときには、日本人はイトコ同士で平気で結婚する不道徳な人たち、などと言うことがよくあるのです。

近親婚と優秀な日本人の関係――渡部

たしかに、近親結婚ではそういう問題がありますね。しかし、近代以前の社会では生活が厳しいため、ハンデをもって生まれてきた者は育たないのです。多くが死産、あるいは早死にしてしまいます。そういう自然淘汰がありましたからね。

これは山階《やましな》鳥類研究所で行なった実験ですが、同じ鳥から生まれた鳥をかけあわせるとあちこちに障害の見られる鳥がたくさん生まれるんですが、ほとんどが育たずに死んでしまいます。そして、それを十数回ほど続けますと、突如ものすごく優秀なものが出てくるというんです。

そのように動物実験でも証明されているようなことが、古い時代の日本人のなかでも繰り返されてきたかもしれませんね。

優劣のブレが大きいのが近親婚の弊害です。現在は生活も豊かになりましたし医療も発達していますから、かつては生き残れなかった人たちについても助ける力がとても大きくなっています。ですから、いまは近親婚が少ないほうがいいわけですが、かつては悪く出たほうは育たず、よく出たほうが残ると、そういう状況だったと言えるように思います。

たとえば、日本人は黒船を見て、あれは蒸気で動く鉄の船だという情報だけでそれを造る方法を考え、いくつかの藩で三年以内に同じものを造ってしまいました。黒船は世界のあちこちに行っているのですが、そんなことを発想してやり遂げてしまったのは日本人しかいません。

また、シナから日本や朝鮮にも数学が入ったのですが、それは幼稚な段階のものでした。日本人はそれをどんどん進めていって、独自に微分・積分の段階まで到達しました。しかも、ライプニッツやニュートンなどにほとんど遅れをとっていないのです。代数も日本人が独創で始めましたし、行列式を最初に解いたのも日本人です。

徳川幕府が抑えている間には何も進まなかったものが、それが緩んだ途端に凄まじい勢いで日本人の力が発揮されたわけです。なぜ日本人にそういうことができたのかにはいろいろと理由があるでしょうが、私は、ひとつには近親相姦的結婚によって日本人の優秀性が形づくられていったようにも思うんです。

日本の神話を見ますと、そもそも神様たちが近親婚をやっています。日本ではそういう神様を祖先とする王家が残っていますから、単なる神話ではなくて先祖がやっていたこと、という感じになるんです。韓国の場合は、神話の神様を祖先とする王家というものは残っていませんから、先祖が近親婚をやっていたという感じはないのでしようね。

韓国の神話にも近親婚が出てくる——呉

韓国でも神話などでは近親婚があったことが伝えられていますし、三国時代の王家でも、王族の条件は聖骨か真骨かといって、父母ともに、あるいは父母のいずれかが王族の出であることとされていました。ですから、厳然と血族結婚があったわけです。しかし、それは昔のことだから仕方がないという感じで受け取られています。

「古代日本語は朝鮮語だった」説に学問的根拠はない——渡部

ところで、古代日本語は朝鮮語だったという本が何冊も出ていますが、あれはどういうところから出てくるのでしょう。古代朝鮮語の文献なんてひとつもないわけですから、少なくとも学問的にはそう言い切れるわけがない。初めから成り立たないことを、なぜ学問的な装いで言うのでしょうか。そこがどうもわかりません。

しかし、似ているところがあるとすれば、私はこんなふうに思うのです。日本が百済と連合して唐と戦った（白村江の戦い）とき、あちらにはかなりたくさんの日本兵が渡っていましたし、朝鮮半島南部の仲の良かった百済、伽羅のあたりには大勢の日本人が住んでいたことはたしかです。その日本人たちが、唐と新羅に負けてそのまま全部日本に引き揚げてきたとは思えません。引揚船などはないわけですから、ごく少数が引き揚げただけで、ほとんどが朝鮮にそのまま残ったのだと思います。そうすると、その日本人たちの言葉が各地にたくさん残っていったはずです。

ですから、その当時の言葉が『万葉集』の言葉と似ていると言えるのならば、それは日本語と日本語が似ているわけであって、当たり前のことに過ぎません。そういう可能性は高いはずです。

「どちらが先か」が韓国では重要である――呉

日本語と韓国語が似ていることはたしかですから、ある程度、日韓語同祖論があってもおかしくはないと思います。でもそういう議論の多くには、文化のプライオリティはこっちにあって、それを日本にやったのだという韓国人の対日本人イデオロギーが下地にあるように思います。

ですから、それらの書物からは「こちらが先なんだぞ」という力点の置き方が顕著に見られるものが多いように思います。どちらが先祖なのかということにこだわり、先祖のほうが偉いという価値観とナショナリズムが一緒になっているんですね。

日本人のなかにも日韓語が同祖だと、あるいは日本語の元は朝鮮語だということを言う人がかなりいるようですが、その場合はどっちが先か、偉いかということにはまったくこだわりがないですね。かえって、自国のナショナリズムを戒めるような言い方すら感じられます。

韓国人の書いた日韓文化論を読んでいますと、なにかにつけて、これは韓国が元で日本があとだという言い方が目立ちます。アメリカへ行きましたとき、ちょうどアメリカ人の間で日本の盆栽がブームになっていまして、そのことについて韓国人移民の新聞にこんな記事が出ていました。

「そもそも盆栽は中国から韓国を経て日本に入ったものであるのに、アメリカ人たちは盆栽＝日本の文化だと思っている。そうではないという事実を、我々は彼らに教えてあげなくてはならない」

そうだったとして、だからどうなんだ、と日本人ならば言うかもしれませんが、文化を生み出すとはどういうことなのかには一切意識を向けず、とにかくこっちが先だということで誇ろうとする傾向が強いのです。普段は日本の盆栽なんて評価することもない人が、自分たちのほうが日本よりも上だということを示したいばっかりに、そういう言い方をするのだと思います。そんな話を外国人にしても、誰も韓国人を偉いと思うわけもないのにと思うと、何か悲しい気持ちになるんですね。

韓国はシナ文化の長女を誇ればいい――渡部

お茶にしてもシナから入ったものですが、お茶の文化というと、それは日本人が独特のものに作り上げたものですね。そこが重要なところだと考えないのでしょうか。

私は、韓国の人は腹を据えてフランスみたいな考え方をすればいいと思います。フランス（ガリア）はローマという文明圏に対して植民地でした。フランスはローマの文化に完全に征服され、言葉も文化もローマの強い影響を受けたわけですが、自分たちはローマ文化の長女であると誇ったのです。

韓国にとってのローマはシナで、かつては小中華とも言われたわけです。韓国には漢字で書いた堂々たる文学がたくさんあるのですから、それを誇ってそこから出発してもいいと思うのです。

ハングルもいいですが、漢字を本格的にやらなくなったため、「シナの長女」と誇ってもよい立派な国文学が見えなくなり、過去に自慢するものがなくなってしまっていると思います。無学の人たちのためにハングルでシナの物語を書き直したものなどが多少はあるようですが、文学を作る階級が本格的にやったものではないのです。

仏教文化についても実にもったいないと思いますね。韓国の慶州で新羅時代の大仏を見ましたが、それがずっと土に埋もれていて、日韓併合時代に発見されたということを聞いてびっくりしました。まったく忘れられていたんですね。日本ではあり得ないことです。

日本の文学で言えば、いまや日本の俳句は外国でもかなりやっている人が多いようです。シナは外国文学の影響を受けたとは自ら言わない国なのですが、漢字の俳句、「漢俳」というのが流行っているそうです。七言絶句とか漢字を用いて詩文を作るのはシナ人でもかなり大変ですが、五、七、五だけの「漢俳」だと誰でも作れるわけです。カナダとなると俳句は日本よりも盛んだと言っていいくらいです。子どもたちの精神衛生上からもいいと言うんです。思ったことをファイブ、セブン、ファイブのシラブル（言語学用語で音節のこと。一息で発生される音）で書きなさい、と小学校でやったりしているそうです。

一番いいものを出す装い方と余韻をかもす装い方――呉

日本ではお茶をやれば器を、書道をやれば筆を硯をという具合に、それぞれの用具のよさを楽しみ、それが美術品にもなっていきますね。かといって、そのいい物をみんな表に飾るということをしないで、だいたいは蔵かどこかにしまってあって、何か特別のときに出すのですね。普段はとりたてて部屋を飾ろうとはしません。でも、韓国では自慢の品はみんな応接間に飾ります。商店でもいい物をなるたけ前のほうに出しますが、日本の場合はいいものはだいたい奥にあって、バーゲン品などが前のほうに出してあります。この違いも以前から不思議に思っていました。

そのことと関係があるようにも思うのですが、韓国のファッション雑誌に目にも鮮やかな真紅のワンピースを着てポーズをとっている若いモデルの写真を見つけて、それをある日本人の男性に見せながら、「こういうのは素敵だと思いませんか」と聞いてみたことがあります。そのとき、その男性は「そこまでいったらもうあとがないですね」と言うのです。何のことかよくわからなかったのですが、よく聞いてみますと、もう着る色がなくなってしまうということなのですね。究極の色はもはや余韻を生み出さないと。たしかに真紅は最高の赤には違いないが、それを着たらもうお終いだよと言われて、なるほどと思ったことがあります。

韓国人の多くは、あるものをすべて出し、一番いいものを出して、隠れた美をうかがわせるとか、余韻をかもすとかいった装い方をしないのです。

また「らしさ」についてですが、日本人は「いかにもそれらしい」ことを嫌い、必ず「らしさ」からのズレを装いますね。しかし韓国人は多くの人が、いかにそれらしいか、「らしさ」からのズレはないかというように装うのです。ですから、秋のファッションとなると、頭のてっぺんから足の先に至るまで全て秋ずくめという装いが、ファッション雑誌の各ページを埋めます。モデルの表情は憂いに満ち、服装と化粧はすべて茶系統で統一され、背景には落葉が舞っていて、写真のピントはソフトフォーカスにしてロマンチックな香りを漂わせる、といった具合に徹底的に「らしさ」を演出するのです。

そのへんにも、一元化へと動こうとする韓国と、それを嫌って多元的な方向へ動こうとする日本の違いがよく表れているような気がします。

第4章

「呉善花非実在説」のミステリー

——インテリならば母国を非難しない

「偉い学者がお前のような者と対談するはずがない」――呉

私が渡部さんと対談集（『日本の驕慢《おごり》　韓国の傲慢《たかぶり》』徳間書店刊）を出しましたときに、一部の日本人からは、「なんであんな右翼と対談するのか」といった非難がいくつかありました（笑）。ところが、韓国のある新聞記者からは、「そんな偉い学者がお前のような者と対談するはずがない。日本には韓国の偉い政治家や知識人がたくさん行っているのに、なぜよりによってお前などと話をするのか、おかしいではないか」と言われたのです。だから、渡部さんとは直接会いもしないで本をつくったのだろうと、そう言われました。韓国の著名な新聞にそうした憶測を事実と決めつけた記事が出ましたし、韓国のジャーナリズムでは概《おおむ》ねそう捉えられているようです。

どう考えても、権威の釣り合いがとれないではないか、ということなんですね。偉い学者が、なぜよりによって、何の資格もない一介の韓国の女と会い、ましてや本をつくる必要があるのか、そんなことはあるはずがない、ということなんです。だからこれには必ず裏があるに違いない、とそんなふうに疑惑をもったんですね。

「呉善花という韓国人は実在しない」と考える前提──呉

韓国のある雑誌に、在日韓国人が書いたこんな記事が載りました。

──呉善花に会いたいと思って光文社に連絡したが教えてくれない（光文社と私はなんの関係もないんですが、光文社で本を出したと誤解してるんですね）。それがあるとき偶然、赤坂で彼女を見た。ところが、彼女の周りには屈強なボディーガードが何人もついていて、話しかけることができない。彼女はやがてボディーガードに囲まれてどこへともなく消えて行った──。

何を言いたいんだかよくわからない記事なんですが、ようするに、呉善花には誰も近づけないようになっていると、そういうデタラメを書いて私の存在を謎めかしているんだと思います。

それで、呉善花は実在しない、いるとすればそれは傀儡《かいらい》としての人形であって、金で日本人に買われた哀れな韓国人女性なのだ、とそうなったようです。それを証明しようということで、韓国のあるテレビ局が特集企画をたてて日本に取材にやって来たんです。

民団は直接抗議に来なかった――渡部

私もね、かつて、在日韓国人は人口の一パーセントにすぎないが、ヤクザに占める人口は三〇パーセントぐらいと書いて、民団（在日本大韓民国民団）からその新聞社に文句が来たことがありました。でも、なぜか私自身のところには抗議が来ないんです。私は、ヤクザの大親分と警察の両方から直接その数字を聞いているのですから、いくらでも答えるつもりでいましたのに。

テレビ局の人はあなたのところには来たんですか。

大学で講義する姿を見て態度を変えたテレビ局の取材スタッフ――呉

まず最初、『スカートの風』シリーズを出版した三交社に取材に来たんです。そこで担当の方に、呉善花は本当は実在しないんでしょう、といろいろ質問したらしいんですね。そこで出版社の方は、私が新潟産業大学で講師をしていることを教えたんです。それである日、私が大学の門をくぐろうとすると彼らがやって来て、あなたが呉善花か、話がしたいと言うんです。私はとにかくこれから授業があるからあなたたちも聞いていなさい、それからお話ししましょう、とそう言って講義をしに出たんです。科目は「朝鮮半島事情」で、大教室で二百五十名くらいの生徒を相手にしてのものです。

彼らはここが正式な大学なのかどうかすら疑っていたようですが、私が講義をするのを見て、びっくりしたようです。権威に弱いものですから、授業が終わると何か物腰が柔らかくなり、言葉も丁寧になったような感じなのです。授業には白人の生徒も何人か出席していましたので、先生の授業は世界の人たちに影響を与えているんですね、と感心したように言うんです。

韓国で通説になっていた呉善花非実在説の十ポイント――呉

彼らが摑んでいた情報では、呉善花なる人物は日本語もまともにできないということでしたから。それで彼らは、韓国で通説となっているという「呉善花非実在説」のポイントを十項目ほどもっていて、それについて一つ一つ答えろと言うのです。

たとえば、一九五八年生まれの呉善花という人物は、大使館に問い合わせても見当たらないし、東京外国語大学の大学院にいたというが、それも問い合わせてみたがいないという。また軍隊にいたというが調べても実在しない。それはどういうわけか、と言うんですね。

私が書いた本を読めば、私が一九五六年生まれで、親がつけた戸籍名が男名前なもので、実際には「善花」と呼ばれて育ってきた、ということはわかるんですが、読んでもいないんですね。

大学や大使館に問い合わせがあったことは知っていました。大学側ではプライベートのことだからと、私の住所や電話番号は言わなかったそうです。

「非実在説」の項目なるものは、みんな調べればわかることで、まったく風聞によるものばかりでした。なかには、二、三カ月の間で本を三冊も書いているが、そんなことは不可能だ、というのもありました。それで私は本の発行日を見せて、それぞれ一年に一冊ずつ出していることを示したのです。

疑惑は晴れたのか――渡部

それで彼らの疑惑は晴れたんですか。

用意していたシナリオと異なる事実に直面して悩んだ担当者――呉

ええ。自分たちが韓国で摑んでいた情報がいかに間違っていたかということを認めました。それで担当者は悩んでしまいました。彼は、「韓国はいま過渡期にあって混乱しているので、どうしようもなくダメなところがあります」と、そう言うんです。

私はその取材者に、「取材であなたが見聞きして感じた本当のことをテレビで伝えなさい。そういう方向であれば協力します」と言ったのです。彼はだいぶ考えていましたが、わかりました、しかしデスクがなんというかわからないので、自分の責任では何とも言えない、でもそういう方向でやりましょう、と言いました。

そこで翌日、出版社に行って、生原稿の一部やゲラの一部、それに広告、書評、読者カード、読者からの手紙の一部などをコピーして渡しました。それらの内容を通訳から聞かされて、その担当者はさらに悩んでしまいました。

つまり、日本での反響が、彼らが感じていたような韓国バッシングに繋《つな》がるようなものではなく、韓国の理解に繋がるというものが大部分だったからです。特に読者からの手紙は、この本を読んで韓国人の妻とうまくやれるようになったとか、ようやく韓国人と接点をとっていくことができるという確信が得られた、などという意見がほとんどでした。

彼らはそれらの資料を持って帰ったのですが、結局、番組で私の問題を取り上げるのは中止になりました。

「あれは日本人が書いた」と父に言わせたかったテレビ局——呉

「呉善花は実在せず、本を書いたのは日本人だ」ということを証明するというのが番組のテーマで、最初からシナリオができているんです。しかし、それに反する事実ばかり出てきて、困ってしまったんですね。

あとでわかったことなんですが、同じ頃に済州島の私の実家をつきとめて、私の父に、あの本はあなたの娘さんが書いたのではないでしょう、と追及しているんです。私は両親に日本で何をやっているかほとんど話していませんから、父はそんなことを聞かれても答えようがないんですね。

話題になった『醜い韓国人』(朴泰赫《パクテヒョク》著・光文社刊)のケースでは、著者の奥さんを追及して、奥さんが自分の主人が書いていないと言ったとかいうことで、あれは日本人が書いたのだと大々的にマスコミで報道したわけです。それと同じことを私の場合も狙ったんですね。

『醜い韓国人』問題で入国を拒否された加瀬英明氏——渡部

いまこうやって私たちが話していることをあとでまとめて本にする場合、それは書いたんじゃないだろうと言われれば、それはたしかに書いたわけではないですね。『醜い韓国人』の場合、著者は日本人の加瀬(英明)さんだと言われましたが、可能性としては、著者の朴泰赫さんが喋ったことを日本人が記録して誰かがリライトし、それを著者が校閲して完成させたのかもしれない。でも、それは日本人が書いたことにはなりませんね。

でもそれよりも重要なことは、加瀬さんは書いたと決めつけられて韓国に入国できなくなったことです。これはもはや、文明国のやることではないですよ。まったく戦争みたいなものです。私もアメリカやイギリスの批判をだいぶ書きますが、それでアメリカ、イギリスが入国を拒否することなどあり得ない。

「呉善花は第二の従軍慰安婦」と言った韓国人女性――呉

ある本に載った韓国人女性の言い方では、私は第二の従軍慰安婦なのだそうです。つまり、日本人に徴用されて奉仕させられていると。そういう呉善花に同情したい、と書いています。おそらく私が韓国の一流大学出で男性であれば、こんなに攻撃を受けることはなかったでしょう。

あるところで講演をしたときのことですが、講演が終わってから韓国人留学生だという男性が発言しました。彼は、私は東京大学博士課程に在籍しているが、呉善花は済州島生まれ、つまり田舎者で大した大学も出ていない、しかもお嬢さんならとても行かない軍隊に入っている、日本に来ても歌舞伎町でホステスなんかとつきあっている、そういう特殊な人の話を何で一所懸命に聞こうとするのか、とそう言ったんです。私はそのときに、日本人が猛然と怒る様子を初めて見ました。あなたはとんでもないことを言っているんだと、参加していた日本人が口々に怒りの言葉を彼にぶつけたのです。「出ていけ！」という声も聞こえました。日本人は余程のことがないと怒らないので、びっくりしました。

最近の日本人は怒らない——渡部

最近の日本人は怒らないですからねえ。講演はどんな集まりのものだったのですか。

失礼なことを言っているのに気づかない韓国人留学生——呉

ある日本語学校の主催で、参加者は日本語の先生たちでしたが、その学校を出た留学生も数名いたようです。

そのとき、一人の日本人が彼に向かって「そんな失礼なことを言ってはいけない」と言うと、彼は「私がどんな失礼なことを言ったんですか」と言うんです。自分が失礼なことを言っているとは、まったく気づいていないんですね。

韓国ではソウル大学が一番、日本では東京大学が一番、そして博士課程はさらに高い。ところが、呉善花は東京外国語大学の修士課程だから私より低い。だから彼女の発言よりも私の発言のほうが信頼に値する、とそういうことが言いたいんです。

日本人にも学歴優越主義はある——渡部

そういうのは日本人にも多少あるんです。宮澤(喜一)元首相なんかもそうで、人と会うと経歴を聞いて、東大ですと言わなければ脇を向く。東大ですと言えば顔を向けるが、法学部ですと言わなければまた脇を向く、みたいなことが言われてましたね。いま(一九九六年)宮澤派の加藤(紘一)さんがだんだんそれに似てきたなんて言われますが、日本人にも学歴優越主義はある。でも、いまの話のように極端ではないと思います。

インテリならば母国を非難しない——呉

またある講演のときには、質問の場で、一人の韓国人女性が立ち上がってこう言いました。

——私は梨花女子大を出ています、父はどこそこの大学の教授をやっていて教育者です、私はその娘として呉善花さんのような母国を非難するようなことは絶対言えません、彼女が言っていることは全部間違っています——。

自分の家族のほうがもっと知識がある、とそういうことを言いたいんです。

日本人には通用しない言い方であることをわかっていない——渡部

そういう言い方が日本人に通用すると思っているんでしょうか。

いかに自分が立派かを語って相手を非難するのは韓国では普通だ――呉

韓国で通用するから日本でも通用すると思っているわけです。自分がいかに立派であるかという言い方は韓国では普通です。自分の優位性を語りながら相手を非難するということはよくやります。日本人はそういうやり方をとても嫌がるでしょう。韓国ではそれが受けるんです。

科挙制度の名残としてのエリート主義――渡部

そういうふうに、エリートが自らの優位性を知らしめるというのは、科挙《かきょ》の制度の名残でしょうか。科挙の試験を通れば、自分がすごく高い位置に立って周りを見下すことができるでしょう。

韓国では知識の高みに立つ者が善である――呉

まさしくそうですね。知識の高みに立つ者が善だという考え方が強いのです。

科挙制度の頂点がソウル大学か――渡部

要するに学問があること、そして最も尊敬に値するのは現代の科挙のトップクラスを意味するソウル大学を出ていることなんですね。

「渡部昇一・石原慎太郎が呉善花を操っている」――呉

私のような田舎の女が、世界的に知的レベルの高い日本で認められるはずがない、それが私に向けられた疑惑の第一なんです。だから日本人が彼女を買収してやらせたのだ、とそうなるんです。

さきほどの韓国の新聞記者は、渡部昇一さんと石原慎太郎さんとはいつ会ったのかと聞くんです。韓国の「通説」では、両氏は呉善花と以前から知り合っていて、両氏が手配して『スカートの風』を出版したのだ、とそうなっているそうです。彼らは以前からの知り合いだということが「非実在説」の有力な手掛かりだということでした。

『悲しい日本人』はどんな本か――渡部

私も石原さんも、『スカートの風』を読んで感心したわけなんですがねぇ。悪意あっての憶測としか思えませんね。私は読んでないんですが、韓国の放送局の女性が書いた『悲しい日本人』(田麗玉著・金学文訳・たま出版刊)ですか、それにも呉さんへの非難が書かれているそうですね。どんな内容なんですか。

韓国人はテレビ、新聞、インテリに弱い――呉

まったく品性を欠いたもので、日本人への侮辱《ぶじょく》に満ちた本だと思います。私につい

ては、テレビで私が話すのを聞いたがまともに日本語が話せていないとか、『スカートの風』を読んだが、日本人に媚《こ》びを売っており、しかも間違いだらけで何もわかっていない、だから日本人が書いた、とそんな非難でした。

済州島に帰ったときに、久しぶりに小・中学校の同級生たちと会いまして、その話が出ました。彼女たちは、その『悲しい日本人』、原題は『日本はない』を読んでいて、私を非難するんです。「あなたは、なんでそんな酷《ひど》いことを日本でしているのか」と。そこで私は怒りまして、「あなたたちはなぜ友だちの私を信じないで、他人の彼女の言うことを信じるのか」と聞くと、「だってKBSの人で梨花女子大学を出ている人の言うことだから間違いないでしょう」と言うんです。私は本当に悲しくなってしまいました。

テレビ、新聞に弱く、インテリに弱いのが韓国人なんです。学術的な本もそのまま信用しますから、歴史教科書に疑問を抱くこともない。書かれたことがそのまま真実の歴史だと思ってしまうんです。ですから、「韓国の歴史教科書で日本について勉強した者ならば、あなたが書いたという本のようなことは言うはずがないでしょ。だからあなたは日本人に騙《だま》されている、操られているんでしょ。そうみんなで心配していた」と、同級生たちは言うんです。

つまり、私の本を読んでもおらず、彼女の書いた本だけで私のことを判断しているんです。

韓国で正式な歴史教育を受けた者ならばそんな間違いをするわけがない、韓国人ならばそんな本を書くはずがない、というのが、彼女たち、ひいては韓国人一般の認識なのです。

韓国で文学史はどう教えられているか――渡部

歴史教育に関連しますが、韓国では文学史はどう教えるんですか。

漢文で書かれた文学はハングル訳して教えている――呉

ハングルは李朝四代世宗王の一四四三年の創案ですが、それ以後、とくに十七世紀、十八世紀のものとして、ハングル漢字混じりで書かれた時詩という形式の詩や、ほんのわずかですがハングルで書かれた小説があります。

しかしそれ以外はすべて漢文で書かれたものですので、漢文を教えられていない戦後韓国の普通教育ではそのまま教えることができません。ですから、漢文学についてはハングルで訳したものを、それも基本的なものを少しだけ教えます。

韓国の古典文学史は漢文学史になる――渡部

作者と思想はコリアンのものであるにせよ、韓国の古典文学史はみんな漢文学史になるわけですね。

漢文で書かれた文学は一般の教育でほとんど無視されている――呉

正式に学ぶとすれば、ほとんどそういうことになります。三国時代以降、高麗時代までの漢詩や俗謡で現存するものは少ないのですが、李朝時代に自らの国を小中華と称した知識人たちが、中国の文人に習って盛んに作った漢詩はかなり残っています。

小説もかなり書かれていますが多くが漢文で、だいたい中央の官職から疎外された者たちが書いたものです。

高等学校の古典文学で教わるのは、主としてハングル訳の漢文学と李朝期にハングルで書かれた詩や小説の一部、あるいは物語に節をつけて演唱したパンソリや口承で伝えられてきた物語などを、ハングルで書き留めたものになります。漢文の原典から韓国の古典文学を勉強するためには、本格的に漢語（古典中国語）を語学としてマスターすることが必要となります。それを一般教育で教えるとなると大変なので、原文は参考に載せるだけでハングルで訳されたものを教えるわけです。でも実際には、漢文で書かれた文学は、一般の教育ではほとんど無視されていると言っていいと思います。

過去に漢文学史しかもたなかった現代コリア人の頭のなかを察しかねる──渡部

日本にも漢文学史はあるんですが、それは特別の人がやっているだけです。私も大学ではずっと漢文を取っていましたので、日本漢文学史も一年やらされたことがあります。

しかし日本には『古事記』以来、日本語で書かれた古典文学のテキストがたくさんあるので、国文学史は古代から現代までずっと日本語で勉強できるようになっています。

これが韓国のようにみんな漢文だったとしたらといくら考えても、ちょっと想像できないいんですよ。

この前、赤坂で食事をしたとき、お酌に来た芸者さんが綺麗な着物を着ていたんです。着物の柄は菖蒲《しょうぶ》で、帯も菖蒲の紋様なんです。それを見ていて私はふと、一つの歌が浮かんできました。

「ほととぎす、鳴くや五月のあやめ草、あやめも知らぬ恋もするかな」

これは一千百年ほど前に編纂された『古今和歌集』に収められている歌なんですが、こういう歌が、芸者さんの着物を見ていてもスッと出てくるんです。

この「ほととぎす」にしろ「あやめ草」にしろ、その他の部分でもすべて大和言葉、つまりいずれも日本語です。これが漢詩だったとして、漢字で思い出せと言われても思い出せるんです、漢文の知識さえあればね。しかし、母国語で昔の歌が思い出せないとなるといったいどうなるのかな、といくら思っても想像がつかない。それで過去に漢文学しかもたなかった現代コリア人の頭のなかを察しかねるんです。

韓国には母国語で書かれた古い歌が残っていない――呉

そうですね、韓国人には思い起こそうにも、そもそも母国語で書かれた古代や中世の歌が残っていないのです。思い起こすとしたら、ハングル訳の漢詩になります。漢文で昔の歌が浮かんでくる人など、韓国では専門家以外にはほとんどいないでしょう。私の知り合いに韓国の大学の国文学科を出ている人がいますが、漢文はほとんどできませんね。おそらく、大学院の博士課程か専門の研究所で勉強した人以外にはいないんじゃないでしょうか。

ですから、韓国では国文学というと近代文学が中心になります。一九〇〇年代の初期からになりますが、一九二〇、一九三〇年代に盛んになります。李光洙《イグァンス》や崔南善《チェナムソン》などが代表的な作家で、李光洙は韓国近代文学の父といわれています。日本の文学者によりますと、韓国の近代文学は日本の近代文学から多大な影響を受けているということとですが、そういう評価は韓国ではしていません。

韓国最古のハングル小説は十七世紀前後に書かれた『洪吉童伝《ホンギルドン》』ですが、最も著名なものはパンソリの演唱をハングルで記した十八世紀の『春香伝《チュニャン》』になります。

日本は古代の十世紀に母国語で書かれた『源氏物語』がありますから、韓国人の文学観からすれば想像を絶するわけです。

両班は漢詩がうまかった――渡部

たしか民謡集が二つくらいありますね。でも、まとめられたのは比較的新しい時代で古いものはない。私も集めているのですが、せっかく作ったハングルも両班たちは受け入れずに、知識階級はずっと漢文で文章を書いてきたわけです。彼らにとって文学とは詩でしたから、詩は大変うまかったんですね。江戸時代に朝鮮通信使（李氏朝鮮が日本に派遣した修好使節）が日本に来ると、日本の学者がワッと集まって、漢詩を作ってもらったり、直してもらったりしていました。

韓国では小説家より詩人が尊敬される──呉

そういう伝統なのかどうか、韓国人は詩が好きですね。日本では詩集はまったく売れないそうですが、韓国ではしばしばベストセラーになります。戦前にハングルで書かれた詩もたくさん残っています。

李朝期の知識人たちが小説や物語を軽蔑したこともあって、小説の多くが作者未詳で成立年代もはっきりしていません。口承《こうしょう》文芸もかなり記録されてはいるのですが、記録されないまま消えていったものも多かったろうと思います。戦後も小説家はずっと低く見られてきました。いまでも小説家よりは詩人のほうが尊敬されています。

日本では歌や詩をやっている普通の人が無数にいる──渡部

日本では物語も小説も無視されることはありませんでした。また、古代から私家集や随筆も数多くあります。いまの日本では詩や歌は売れないのですが、歌集や歌の雑誌はたくさん出されています。家内の母親なども立派な歌集を二冊も出していますが、自費で自分の作品をまとめたもので売り物ではないんです。母は一介の主婦ですが、日本ではそういう普通の人で歌や詩をやっている人は無数にいます。『サラダ記念日』(俵万智著・河出書房新社刊)なんて百万部以上も売れた歌集がありましたが、あれは例外でしょう。

漢文の文学しか持たなかった韓国人と日本語の文学を持った日本人――渡部

結局、漢文の文学しか持たなかった韓国人と、古代から日本語の文学を持っていた日本人というあたりに、韓国人と日本人との意識構造の違いがあるかもしれませんね。

外国文化を受け入れた韓国人のよき伝統が失われてきた――呉

漢文を専門にした伝統的な韓国知識人たちのものの考え方が、現代韓国の知識人たちのなかにも流れていると言えるでしょうね。たとえば、柔軟性がなく形式主義的で建前や体面を重視する、といったように。

でも、もっと大きな問題は、漢文学として残された国文学を本格的に教育の場にのせない、あるいは語学的にのせにくいということが、閉鎖的なナショナリズムの温床ともなっていることだと思います。韓国の近代文学についても、日本の近代文学の影響を受けているという日本人の学者の説があることを堂々と教えて、それに取り組むべきです。戦後、漢字を廃止して反日思想を国是とすることによって、中国文化の影響と日本文化の影響を絶ち切り、新しい韓国の歴史を始めようとしたのだと思いますが、そのために、外国文化を受け入れてきた韓国人のよき伝統が失われてきたんじゃないかと思うんです。

韓国人の私が日本語で日本人に向けて韓国が抱えている問題点を指摘したということと、その行為が売国奴に値するといった非難は、韓国の伝統でも何でもありません。また、韓国人ならばそんなことを書くはずがないという考え方にしても、それが韓国の伝統であるわけがない。私自身はそう思っています。本来、私人として生活を営んでいる韓国人は、そういうことをよくわかっているはずなんです。

第5章

古代史論争の最重要ポイントを点検する

――「古代日本人の九〇%以上が韓半島人」という主張

韓国は最後まで朱子学から離れなかった――渡部

韓国の学問の伝統は朱子学ですね。日本でもたしかに韓国の朱子学者・李退渓《りたいけい》の学問が藤原惺窩《ふじわらせいか》らを通じて入ってきます。徳川家康はこれは統治に便利だなということで、その弟子の林羅山《はやしらざん》とその家学を徳川家の中心の学問にします。

ところがしばらくすると、多くの学者が朱子学から離れていくんです。古学派なんていうのができて、山鹿素行《やまがそこう》とか伊藤仁斎《いとうじんさい》とか、偉い学者はみんな朱子学から離れていきます。

しかし韓国の学者は離れないんですね、最後まで朱子学なんです。いまでも離れていないと思います。仏教でもそうなんです。韓国は入ってきたままの仏教からずっと離れない。

日本では鎌倉時代になると、日蓮宗とか浄土真宗とか曹洞宗とか、入ってきたものとはまるで違うものをやるようになるんです。日本は島が細長いせいで統一しにくいせいなのか、勝手なことを言い出すという傾向が昔からあるんですよ。

大陸文化を背にした半島と島の違い――呉

国家を形成して以来、日本も韓国も単一民族的なまとまりがあるのに、日本は多様性に富んでいて韓国は一元的な面が強いですね。なぜかと考えると、やはり大陸文化を背にしての半島と島の違いが大きいんだと思います。

日本の特徴はゴッタ煮と平等――渡部

日本人の考え方は非常に多様なんですね。おそらく韓国とは基盤になっている人種が違うこともあるんでしょう。マレー半島とか南の島からゴチャゴチャと集まって来たという時代の記憶がどこかにあるのかもしれません。

また、地理的な要素も大きいと思います。日本人は海洋民族の要素が非常に大きいんです。『古事記』や『日本書紀』を見てもわかるように、日本人は最初から自分たちの土地が島国であることを知っているんです。すでに津軽海峡があることも知っているんです。ちょっと不自然だなと思えてもいたんですが、青森県の三内丸山遺跡《さんないまるやまいせき》などからも知られるように、古くからあの辺まで文化を展開していたんですね。

沿岸をグルグル回っていた海洋民がいる、山が深いから山の民族もいる、野原の民族もいる、北から来る者もいる、南から来る者もいるという具合に、いろんな者がいて、それを大和朝がなんとかまとめたんだと思うんです。つまり、ゴッタ煮なんですよ。しかも、基本的に平等なところがあるんです。

どういうことかと言いますと、『万葉集』という古代の和歌集には、天皇や王女から普通の人や遊女までの歌が収録されているんです。ですから身分なんていうのは、和歌のレベルではなくなってしまうんですね。和歌は大和言葉でつくらなくてはならないんです。

いくら漢文の知識があっても、それを使って和歌をつくってはならない。誰もが普通に話している大和言葉でつくるんです。

ところが、韓国では文章文化のすべてが漢文なんです。だから学問をした人でないとそこに入れないんです。日本では漢文をやる人もいますが、和歌となると天皇陛下から売笑婦《ばいしょうふ》までみんな対等になっちゃうんです。そのへんが韓国とは大きく違いますね。発想の違いもそこにあるかもしれませんね。

日本を特徴づけた条件は何か――呉

そうですね、その文学的な歴史の違いは大きいと思います。この違いを決定づけた条件はいったい何なのでしょうか。

島国は勝手なことができる――渡部

それはイギリスについても言えるところがあるんです。イギリスも島国で、わずかですが大陸との間に海峡があるので、大軍をもつ必要がないんです。つまり、王様のそばに大軍がいないんです。そうすると、貴族が強くなって議会ができることにもなる。そこで大陸と違ってくるんです。イギリス人は人種的にはドイツ人と同じですよ。同じアングル人、サクソン人の集まりですから。ところが島国にしばらく住んでいると、全然違ってくるんです。

私は台湾と大陸との関係もそうなると思います。対馬海峡もそうですが、海峡があるとそう簡単には攻めてこられませんから、勝手なことができるんです。

日本には南方から入ってきた要素が残る──呉

そこで、日本や台湾には、南方諸島のほうから入ってきた要素が残ることにもなるんですね。

沖縄経由で南方の文化が朝鮮半島に入ったと考えられる──渡部

そう、そこが重要なところです。沖縄はかなり言葉が本土の言葉と違うみたいですが、明らかに同じ日本語ですし、沖縄の人たちが日本人であることもたしかです。その沖縄の文化のベースが北方の大陸のものでないこともはっきりしています。海流の関係からいっても、沖縄には必ず南から人や文化が入ったに違いありません。すると、沖縄を経由してさらに北のほうへ行ったことが考えられます。少なくとも北九州から朝鮮半島南部までは、南方からの同じ民族がたくさん上陸しただろうと想像できます。ですから、済州島はもちろん、全羅道あたりはまったく北九州と同じだった時代があったろうと思います。

「古代日本人の九〇パーセント以上が韓半島人」という主張——呉

韓国の学者のなかには、大和国家は百済の植民地だったとの説を唱える者もいます。そういう意味から、百済人と古代日本の王族や貴族は親戚だと考える韓国人は多いのです。

そうした説はどこまでも拡張されまして、古代日本人の九〇パーセント以上が韓半島人であると主張する学者までおります。日本列島の人も文化もすべて韓半島から行ったものであって、現在の日本人は結局、みんな在日韓国人なのだと、そんな主張にもなってくるのです。これは冗談ではなく、著名な大学の教授がそう言っているのです。

日韓併合の基礎となった危険な発想――渡部

それは非常に危険な意見ですね。そういう発想が日韓併合の基礎になったんです。韓国のほうでそんな言い方をすると、それなら併合してよかったんじゃないか、また併合するぞという考えを生みかねません。とても危険ですね。

経済発展を遂げた日本文化のベースは韓民族によってつくられた――呉

かつて日本がやった日韓同祖論へのカウンターとして、韓国側から主張される日韓同祖論なんですね。しかも韓国側の、それも自民族優位主義に立ってのものなんです。つまり、日本が世界的な経済大国になることができたのは、彼らが優秀な韓民族の血をもっていたからだと、韓民族の優秀さがそうさせたのであって、日本民族というものが優秀なのではない、とそういう言い方になるのです。たとえば、韓国のテレビが日本の奈良・京都の文化の特集をした際に、この素晴らしい文化は我々の祖先がつくったものだ、したがって今日の経済発展を遂げた日本文化のベースは我々の祖先によってつくられたのである、とそう番組の最後を締めくくっていました。

天皇の祖先も韓国人と言われているのか——渡部

ずいぶん屈折した言い方ですね。天皇陛下の祖先も韓国人だと言われているんですか。

天皇＝韓半島ルーツ説は韓国の常識——呉

ほとんど常識のように言われています。

百済や夫余の宗教は神道だったのではないか——渡部

それならば一緒になったっていいじゃないかと、そういう人が出てきてもおかしくない。実に危ないですね。

私は、百済や夫余《ふよ》の人たちは日本人と同じだったと思います。そして宗教は明らかに神道だったんです。いまではなくなっていますがね。百済や夫余から来た人たちは日本で土地をもらいますね、そうするとそこに神社を建てるんです。百済の相当偉い人が来て、百済的な名の神社をつくるんです。鬼室《きしつ》神社などわかり易い例です。秦氏なんかもそうですね。太秦神社をつくっている。たしか賀茂神社にも関係があったと記憶しています。宗教が同じでなければ、神社なんかつくりませんよ。仏教渡来以前の韓国、といって大きすぎれば、少なくとも百済や夫余の地域の宗教は神道だったと思います。

百済人らが日本で神社をつくったのは日本化しようとしたのだろう——呉

私はちょっと違う考えをもっています。もちろん、当時の韓半島にも自然信仰やシャーマニズム的な信仰が一般にあったと思いますが、日本の神道や神社のような展開は韓半島では起こらなかったと思うんです。百済人らが日本で神社をつくったとすれば、それは日本の習慣に合わせたものであって、その土地のやり方を尊重し、そうすることにより日本化しようとしたのだと思います。

日本には新羅神社もありますし、百済神社もあります。また韓神神社とか、その他韓半島に由来する地名もたくさんあります。韓国の歴史家の多くは、それをもって、多数の韓半島人が日本で韓半島文化を展開していた証拠だと主張しています。しかし私は、朝鮮系神社と言われているものの大部分は、日本人が自ら外来神を祀《まつ》ったものであり、また韓半島系の地名も、韓半島文化を尊重したり、あるいは移民を記念して日本人自らがつけたものが多かったろうと思っています。

古いものが根こそぎなくなる朝鮮半島の傾向——渡部

私は、韓国では仏教がやって来てから神社がなくなったんだろうと思うんです。そして儒教が盛んになると仏教もなくなる。そういう具合に、朝鮮半島では古いものが根こそぎなくなるという傾向があるんですね。神社は木で造ったから、祀る人がいなくなればなくなってしまいます。ただ、痕跡から推定すれば、百済や夫余でも似たようなことをやっていたと思えるんです。

韓半島に神道的な展開はなかった――呉

韓国ではいまでもシャーマニズムが盛んですし、斎場に日本の注連縄《しめなわ》のような綱を張ったりしますが、『古事記』に見られるように、自然の神々を順列づけ、それぞれの神格を定め、という一定のシステムをもった神道のような展開があったかは大いに疑問です。シャーマニズムから神道へという育ち方は、日本でしか起こりえなかったと思います。神道はドロドロしたもの、派手なもの、うるさいものを嫌い、すっきりと清楚なものに純化していきますね。そういうことは韓国では起こりませんでした。

原始的なシャーマニズムは日本にもある――渡部

ドロドロのシャーマニズムは、日本でも地方へ行けばあるんです。ですから、神道的なものは韓国でもかつてはあって、それがなくなったということではないんですか。

神道のルーツは韓半島にはない――呉

広い意味での神道をアニミズムとかシャーマニズムとか自然信仰とか言えば、それは世界中のどこにもあったと思います。しかし、だからといって日本の神道と同じことを韓半島でもやっていたとは言えません。

南方から入った文化の共通性――渡部

同じようなことをやっていて、日本はそれを発展させたが、韓国ではそれがなくなった、とそういうことですね。かつては共通な文化や宗教があったということです。それは南から渡ってきた文化の共通性だと思います。北の大陸からだけではなく、南から日韓に共通な文化が入っていて、同じようなことをやっていた時代があったと思います。

韓国では南から入った文化を重視することがない——呉

その点では、まったく同感です。たしかに、韓国には南方から日本を経由してたくさんの文化が入ってきた痕跡があります。韓国では文化と言えば北からのもので、南のものは遅れたものであって、ことさらに文化と見ようとしません。日本には、自分たちが北から入れて自分たちが独自のものとして展開した文化を伝えてやったのだ、とそういう一方通行の考え方が韓国人のものです。

しかし、事実、南からの文化が韓国にも入っています。その証拠は多いのですが、そんなものは文化ではない、と重視することがないのです。韓国には日本にもない南方系の卵生神話などが残っていますし、韓半島では日本の島々や南洋諸島のように、頭に荷物を載せて運びます。

古代は現代のような国境意識がない——渡部

鴨緑江のちょっと北の方に広開土王碑文という紀元四一四年に建てられた碑文がありますね。高句麗の王様、好太王《こうたいおう》の業績を記したものです。

それによりますと、紀元四〇〇年頃に日本軍が平壌にまで入ったとあります。平壌に行くまでには、足場として百済もありますし夫余もあります。としますと、『古事記』や『日本書紀』に載っている神功皇后の「三韓征伐」の話は必ずしもデタラメだとは言えないわけです。

古代ではいまのような国境の意識はないんですね。ヨーロッパでも、一八一五年のウィーン会議でフランス革命の後片付けができるまでは国境はいい加減でした。ハプスブルグ家の娘さんがスペイン王家に嫁ぐということで、それじゃあベルギーの半分を付けてあげようかとか、そんな感じだったんですよ。

ですから国境にこだわるようになったのは、ウィーン会議以来なんです。割と新しいんですが、それ以後に生まれた人にとっては、国境は絶対的なものだということになってしまう。そういうわけで、古い時代には国境なんてかなりいい加減なものだったんです。

なぜ百済や高句麗の難民を受け入れて融合させたのか――呉

韓半島内部でも、三国時代の国境はかなりいい加減ですね。
百済や高句麗が滅ぶと、大量の人々が韓半島から日本へ渡りますね。いまで言えば一種の難民ですが、日本はなぜ、彼らを排除したり奴隷にしたりすることなく受け入れて、現地の人たちと融合させていく方法をとったのでしょうか。当然、彼らの技術や知恵を役立てたいということはあったでしょうが、そうした功利的な理由だけで当時の歴史は理解できないと思います。

私はそこに、海の彼方の常世《とこよ》の国への憧れの意識が働いていたと思います。当時の日本では、外部への差別ではなく、外部への憧れの意識が強くあって、それが外部のものを積極的に導入することへと繋《つな》がっていったのではないでしょうか。

高度な文明に飲み込まれるか、突っ張りきるか――渡部

半島からの難民に対しては、いまのような外国人という感覚はなく、九州から来た人とあまり差がないような感じだったと思いますね。

ところで、日本の最も古い文献は八世紀のものですが、そこでは日本が島国だという意識が繰り返し繰り返し表されています。逆に言えば、大陸に大きな文明があることを強く意識していたわけですね。当時のシナ文明は唐ですが、とても高度な文明でした。そういう国際情勢の下にあって、我々はどうしたらよいかということで、当時の日本には二つの道があったんです。高い文明に飲み込まれるか、それともなんとか突っ張りきるか、という二つの道です。

朝鮮半島はシナと地続きですから飲み込まれたんです。そのため、文化はすべて漢文の文化になってしまいました。制度の面でも隋以降のものも引き入れ、科挙も採り入れたわけです。

ところが、日本は朝鮮海峡があるおかげでそうする必要がなかった。朝鮮半島のように攻められる恐れがないんですから。ただし、大文明に対する劣等感がありました。日本がそれにどう対抗したかというと、二つあるんです。それは、『万葉集』に収められた山上憶良《やまのうえのおくら》の歌に端的に表現されています。

「神代よりいひ伝てけらく、空見つ大和の国は、すめろぎのいつくしき国、言霊《ことだま》の幸はふ国と語りつぎ……」

一つは、「すめろぎのいつくしき国」、つまり皇統連綿、万世一系の皇室ですね。もう一つは、「言霊の幸はふ国」、つまり日本語です。皇室がなぜ出てくるかというと、シナは偉いぞという気持ちが一方にあるんだけれども、シナは王室の姓が代わっているではないか、周は姫《き》だし、漢は劉だし、隋は楊だし、唐は李だしという具合に、クルクル代わっている、しかし、わが皇室は神代の時代から連綿と続いているではないか、とそこに誇りをもったわけです。変わらないのだから姓をつける必要もない。易姓革命がない、断絶しないということ、それが「すめろぎのいつくしき国」の自慢で、アイデンティティの一つの柱にしていった。

もう一つは漢文です。これもすごいものだけれども、こちらにも日本語がある、というわけで、日本語を使って長歌や短歌などをどっさりと記録していった。そのため、「言霊の幸はふ国」という言葉のアイデンティティが生まれていった。そうして、日本は大きな文明に対して張り合う基盤をもったんです。

奈良の大仏・東大寺と本地垂迹説で仏教に対応する――渡部

しかし、仏教とだけは張り合えなかった。これは圧倒的な哲学・神学ですし、美術的にも優れたものをもっている。これにどう対応したかというと、まず第一に本場にないものをつくったわけです。それが奈良の大仏です。これだけの技術を使った巨大な仏像は、インドにもシナにも朝鮮半島にもありません。これを銅でつくって、さあ「どう」だ、とやったわけです（笑）。次に、東大寺という八世紀当時の世界最大の建物をつくった。これで劣等感がなくなりました。ともかく、つくるものでは負けないぞという意識を固めた。

次に大変なのが仏教哲学でした。これにどう対抗するかが大問題なわけです。儒教は日本人にとっては大したことがなかったんです。たとえば、儒教の最も尊い書物である『論語』ですが、その学而第一にこうあります。

「学びてしこうして時に之を習う。またよろこばしからずや。朋《とも》あり遠方より来たる。また楽しからずや。人知らずしてうらみず。また君子ならずや」

これを訳せば、「習いごとをして、たまにお復習《さら》い会をやる、嬉しいこっちゃなあ。遠くから友だちが来て一杯やる、楽しいこっちゃなあ。他人は偉いのを認めてくれないが腹をたてない、偉いやっちゃなあ」と、この程度のことなんですね。ですから、『論語』は圧倒的ではなかった。

しかし、仏教は圧倒的です。これに対抗するために考え出したのが、本地垂迹説《ほんじすいじゃくせつ》なんです。これは、仏教に真理があるとすれば、それはあらゆる時代にあらゆる所に現れたに違いない、インドでは釈迦になり、それが大日如来になり、菩薩になりというように、いろいろな現れ方をした。わが日本では、『古事記』や『日本書紀』に記録された神様として現れた、大日如来に相当するのは、日本では天照大神《あまてらすおおみかみ》、伊勢の神様である、阿弥陀菩薩は八幡神である、という具合にやったわけです。これで仏教哲学に対しても劣等感がなくなった。

歴史が若いとき、大文明に対抗する力が刷り込まれた――渡部

建物で劣等感がなくなり、哲学でもなくなり、しかも言葉では日本語がある、皇室

はシナの王家よりも優れているぞ、というわけで、なんとかアイデンティティを守り抜いたのです。これが日本人の刷り込みです。非常に歴史が若いときに、大文明が来たらどう対抗するかという力ができてしまった。ですから、十九世紀の後半、西欧文明という大きな文明がやって来たときにも十分対抗できたんです。

西欧文明はもう圧倒的な文明でして、マヤ文明もインカ文明も、トルコもエジプトも、ペルシャもインドも、シナも韓国も、手も足も出なかった。日本だけがすぐ対応したんです。そこで王政復古をやる。当時、イギリスは一流中の一流国。その王室もその古さは二百五十年ぐらい。日本の皇室はその十倍の古さだ、ということですね。それから、とにかく負けないものを造ればいいんだ、向こうが黒船で来るんならこっちも軍艦を造ろうというわけで、ついには戦艦大和まで造ってしまった。すごい自然科学があるならこっちもやろうといって、留学生を徳川方も勤皇方も関係なくドッと送りこんで、根こそぎ勉強やって来い、というわけです。

そうやって、二十～三十年で皆こなしてしまった。これは歴史の刷り込み、インプリンティングなんです。

未開地の日本に移住した韓半島人がやったこと?――呉

単に外部の文化を導入すればいいというわけではなく、外部の大きな力に飲み込まれないようにどう対応したらいいか、という考えをもって導入したということですね。でも韓国の学者ならば、そういうことも実は未開地・日本に移住した韓半島人がやったことなんだ、だから奈良の大仏も東大寺も、結局は韓国人の祖先が造ったんだと、そう主張する人がいるかもしれません。

おそらくインドやペルシャからも技術者が来ていた――渡部

奈良の大仏を造るためには、朝鮮半島だけではなく、おそらくインドやペルシャからも技術者が来ていますね。

正倉院の御物《ぎょぶつ》を見てもわかるように、ペルシャやインドからはさまざまな物が伝わっています。だから人が来ないわけがない。特に大仏の銅の鋳造技術は、当時の日本人だけでもできない、百済人だけでもできない、もっと西方からの技術の参加を考えなくてはならないと思います。技術者の名前からいっても、東アジア人とは思えないわけのわからない名前が、『日本書紀』などにもたくさん記録されていますしね。

「日本文化は韓半島文化である」という韓国人学者の主張――呉

韓国人の学者がしばしば、「日本文化は韓半島文化である」と主張するのは、とにかく半島から文化と技術をもってたくさんの人々が日本に渡り、それらの人々の圧倒的な展開で日本に古代文化が根づいたのではないか、だから日本文化とは実は韓半島文化なのだ、とそういうことなのです。つまり、受け入れた日本人という主体は幻であって実在しないということが言いたいんです。

科挙、宦官、纏足を入れなかった日本――渡部

アメリカという国ができたとき、アメリカはヨーロッパから見れば野蛮国ですよ。

しかし、ヨーロッパから鉄鋼技術をもつ者がやって来たとなれば、それは雇ったわけです。そういうケースと似ているでしょうね。

要するに、主権が確立していましたから、技術者がいなくても文化的に低いわけがないんです。

また、なんでもかんでも入れたわけではなくて、日本に不都合なものは絶対に入れませんでした。科挙も入れなければ、宦官《かんがん》（後宮に仕える去勢された男の役人）も纏足《てんそく》（女性の足を幼児より布で縛り、小さな靴に入れ、正常な発育を止め奇形な小足にする奇習）も入れませんでした。ですから、外の文化を入れてうまくいく国というのは、十分自信をもっている国なんです。自分たちの何が劣っているかがわかっているから、その劣っていることについてはどんどん取り入れたんです。

明治維新の頃も同じでして、それまで鎖国して研究させなかったわけですから、劣っているものは多々あるわけです。それが何かということは十分わかっている、そして何を選択すればよいかの判断がついている。古代の日本もそういう国だったんですね。

文化を選択する基盤はいつ頃できたのか――呉

そうした基盤というのは、大和国家以前からあったのでしょうか。

古代日本人が野蛮ではなかった証拠――渡部

いや、大和朝廷の時代からだんだんできていったのでしょうね。大和国家がいつできたのかにはいろいろ意見がありますが、おそらくいまから二千年前頃だと思います。そうしますと、当時の国力は平壌まで攻め込む力があったということですから、半端な国力ではなかったでしょう。

第一、船がなくては攻められない。たくさんの船を造って百済を助け、新羅や高句麗まで攻め込んだわけです。だから、大量の銅を集め、技術者を集め、あれだけの大仏を造れる国力があった、東大寺を造れる国力があった。それは決して野蛮ではなかったという証拠です。

百済や新羅からいくら人や文化が来ようと、日本の国のために使うというアイデンティティが確立していたんです。

「文明＝韓半島、野蛮＝日本」に固執する人たち――呉

韓国人学者ならば、韓半島人は大和朝廷以前の弥生時代から移住していた、だから大和朝廷も韓半島人が築き上げた王権なのだと言うでしょう。要するに、文字も何もないインディアンのいるアメリカ大陸にヨーロッパ人が入ってアメリカ国家をつくったことと同じなのだ、とそう主張します。

文字がないことが野蛮ということではない――渡部

文字はなかったようですね。でも、文字がないということが野蛮だということにはなりません。マヤでもインカでも記号のようなものはありましたが、いわゆる文字はなかった。

それに漢字は別に韓国人が発明したものではないですね。シナ大陸から朝鮮半島経由で入ったんです。それは、キリスト教がイギリスに入るのにアイルランドを通ってきたのと同じことです。朝鮮半島もアイルランドも経由地なんですね。

韓半島文化としての漢字と仏教――呉

また意地悪ですが、漢字も仏教も、韓半島で何百年も醸成されて韓半島文化となり、それを日本に伝えたのだから、日本は中国文化を受け入れたのではなく韓半島文化を受け入れたのだ、とそういう主張はどうですか。

朝鮮仏教は日本に大きな影響を与えていない――渡部

最初は韓国から仏教が伝わりましたが、あとはみんなシナから直接入っているんです。仏典の読み方からもわかるように、漢字の読み方が呉音《ごおん》（日本漢字音の一つ）なんです。これは直接、南シナから入ったものです。最澄にしても空海にしても、韓国に行って勉強したのではなく、シナに行って勉強したんです。空海の場合は、密教という深奥なる仏教思想の正式な後継者となって日本へ帰って来ています。日本が密教の本場となっているんです。仏教が韓国から最初に入ったことはたしかですが、それは日本の仏教にとっては大した影響を及ぼさなかったんです。

古代の韓半島には受け入れた文化を醸成するのに十分な余裕がなかった——呉

韓国では何としても日本の上に立ちたいので教えた教えたと言うのですが、古代の韓半島は常に外敵からの侵略に脅かされていましたから、文化はストレートに入って来てストレートに流すしかない、という状態でした。受け入れた文化を自前で醸成していくだけの十分な余裕がなかったのです。

半島はそういう運命にありましたが、島には文化を醸成していくだけの余地があった。私は、なぜ韓半島からあれだけ優秀な人々が日本に行ったのかというと、韓半島よりも日本でのほうが、文化的な技量を存分に発揮できたからだと思うんです。

韓国人は奈良・京都を見て祖先の偉業を思う――呉

韓国の古代寺院ですが、いまだ発掘が十分ではないにしても、日本と比べると実に少ないんです。百済では百五十年の間にたかだか数十の寺院しか造っていません。ところが、日本は最初の飛鳥寺以降、わずか三十年間で四十六の寺を造り、百年間で実に五百三十もの寺院を建立しています。

日本に仏教を伝えた百済の聖明王は当時、漢城（いまのソウル）にいたのですが、漢城からはまったく百済時代の寺院が発見されていません。高句麗に押されて南へ南へと遷都を続けたのですね。仏教文化を展開する条件は日本のほうがずっとよかったのです。

また韓国では、数個の石壇や石造の仏塔を残すのみで、古代に建てられた仏教寺院建築で現存するものは一つもありません。そのため、自らの古代仏教文化がどのようなものであったかを肌で感じることができないのです。そこで、奈良や京都に行くとびっくりします。そして、これこそわが祖先たちが残したものだ、わが祖先たちがいかに優秀であったかの証拠だ、となるわけです。

しかも日本には、韓半島的な地名や神社がたくさんありますから、これはまさに韓半島人が築いた文化だ、となり、極端に言うと、そもそも日本人と言われている人たちは、正確に言えばみな在日韓国人なのだ、とそういう主張にまでなってくるのです。ところが、日本人がいないのなら日本語もないはずで、みな韓国語になっていなくてはならなくなります。そこで、日本語のルーツは韓国語だ、とほとんどが語呂合わせみたいなやり方で、さまざまな説が出てくることにもなっているのだろうと思います。

古代コリア語を発掘した日本の学者――渡部

日本語と韓国語にはほとんど共通語彙《ごい》がないんです。だいたい、古代コリア語が残っていないんですから比較のしようがありません。韓国の人はソウル大学（京城帝国大学）ができるまで、韓国語を研究したことがなかったんです。ソウル大学ができて小倉進平先生が初代の韓国語の教授になり、ようやく韓国語の研究をはじめたわけです。

古代コリア語を発掘しようとしたのですが、古代の文献がない。しかも漢文しかなく、残っているものもいちばん古いのでも十二世紀頃のものしかない。『三国遺事《さんごくいじ》』（一二八四年）も漢文で書いてあるが、そのなかの郷歌という資料を丁寧に使いまして、「郷歌及吏読研究」（京城帝国大学法文学部紀要第一・一九二九年）を発表なさったが、これが本格的な古代コリア語研究の金字塔です。ここで新羅時代の歌謡全部、といってもたった十四首ですが、解明されたのです。日本人が昭和四年にやるまで、新羅時代の言葉は見当もつかなかったのです。ですから、記紀歌謡や万葉集に残された古代日本語の質と量に比較することはできません。これらの漢字は、韓国語の発音を示すために使ったのだろうと思われるものを集めていったのですが、単語の数としては知れたものです。

日本のなかに「我々の祖先」を感じたがる韓国人――呉

漢字による韓国語の表記法、つまり吏読《りとう》から古代韓国語の一部が解明されたわけですね。

ところが、あたかも自分がそういう方法を発見したかのように主張し、しかも勝手に拡大利用して「日本語のルーツは韓国語」説を展開している韓国人がいます。日本で出版され、よく売れたそうですが、かなりそれに感心している日本人が多いので驚きました。

ところで、日本の風景は韓国人には非常に親しみやすいんです。韓国のほうが乾燥していますから、樹木も少なめで埃《ほこり》っぽい。それが日本ではもっとしっとりとしていて緑が多いですから、韓国の自然をちょっといじれば日本のようになるような感じがしてくる。そういうこともあって、奈良などへ行くと錯覚してしまうんです。仏教寺院の反《そ》りをもった屋根は韓国の古い貴族たちの住居の屋根とよく似ていますから、あっ、これは韓国的だとか感じてしまうんです。そうすると、そこで日本人の存在がスッと見えなくなって、「我々の先祖」の残影がクローズアップされてくるんです。

日本が大した国でなければ、そこに「我々の先祖」を感じたいとも思わないでしょう。ところが、日本が世界有数の大国になっていますから、そうした繁栄をもたらしたこの国のベースは実は我々の先祖がつくった、とそう主張する者まで出てきます。

そして、その子孫である我々は偉大なのだという人もいるわけですが、裏を返せば日本人が偉大だということになるわけで、実に屈折しているんです。

あまり成り立ちにくい考え方——渡部

論理としては盲点が多いですね（笑）。

劣等感を裏返しにした韓国の優位主義——呉

民族的な誇りを「祖先が築いた日本文化」に求めてしまう人が少なくないのです。たしかに奈良・京都のような感動を与える古代文化の遺物が韓国には見られないかもしれない。しかし、それでは劣等感を裏返しにした優位主義ではないかと思います。こんなことをあからさまに言う韓国人はまずいないでしょうが、私はそう思います。そういう韓国人を見ると、実に情けなくも悲しくなってしまうんです。もっともっと、自分たち自身の足元を掘り下げることから、本当の意味での韓国人の誇りを回復しなくてはならないと思います。

韓国のインテリはなぜ気がつかないのか――渡部

呉善花さんという人は、そういうことに素直に気がつく人なんですね。なぜ韓国の一般のインテリの人たちは気がつかないんでしょう。日本に関してはどうしても屈折した考え方になってしまう、ということなんでしょうか。

第6章

「積み重なる文化」と「古いものを捨て去る文化」

――アイデンティティが揺るがないからルーツが語れる日本人

南方に懐かしさを感じる日本人――渡部

南方から黒潮に乗れば、どう考えても最終的には紀州や九州、朝鮮半島南部に到着します。ですから、済州島や朝鮮半島南部の人と日本人は同じ根っこをもった人たちだと言っていいと思います。沖縄の先はというと、湖南・台湾あたりじゃないかな。ヨーロッパ以外では、血液型A型が集中しているのは日本と湖南なんですね。だから、日本人があのへんの人たちと会うと、なんか懐かしくなってくる。

数学者の岡潔先生などは、シンガポールへ行って「ここは俺の先祖の郷里だ」なんて言ったりしてね。

歳をとってからの私の父の顔を見ていると、どう見てもインドネシア人ではないかと見えましたしね。歳をとってくると原型が出てくるのかなあ（笑）。

日本人はルーツ論が好きだ――呉

日本人はそういうルーツ論が好きですね。韓国人ではまず話題になりません。たとえば、私の姓が呉だから中国の呉の国から来たのではないか、とかそんなことはほとんど話題になりませんが、日本人だと、私は一重瞼《まぶた》だから韓半島系だとか、二重瞼だから南方系だとか、そういうことがずいぶん話題になりますね。韓国人はルーツ論にも歴史にもあまり関心を向けません。

アイデンティティが揺るがないからルーツが語れる――渡部

何を言ってもアイデンティティが揺るがないから言うんですよ。他の国の人は、アイデンティティが揺らぐからルーツがどうだとか言わないのかもしれませんね。韓国は一時、漢字を追放したでしょう。それは、ある程度追放しないとアイデンティティが守れなくなってくるからでもあるんでしょう。日本では和語で書く伝統が確立されていますから、何が入っても気にしなくていいんですね。漢字だろうと横文字だろうと、どんどん入れちゃうんです。

島国の余裕と半島国の切実さ――呉

そういうのが、韓国人には無節操な態度、文化を大事にしない態度と映るんです。何が入っても気にしないという日本の文化の背景が見えないからです。日本人が、何が入っても日本がなくなるわけがない、とそう安心していられるのは、海峡を隔《へだ》てた島国の余裕ですね。その点、半島国の韓国は外国文化の受け入れにはどうしても神経質に対応することになってしまうんです。

百済滅亡後に朝鮮半島に残った日本人がいた？――渡部

ところで、天智天皇が大軍を朝鮮半島に派遣して、現在の全羅道《ぜんらどう》（半島南西部、済州海峡、黄海に面する道）あたりにあった百済を応援して唐の軍隊と戦いましたね。親類じゃなければそんなことしませんよ。それで日本軍が負けるでしょう。しかし、退却するにも当時はそんなに船がたくさんなかったから、多くの日本人が朝鮮半島に残り、やがて吸収されていったと思います。それで、全羅道あたりの者は北から来た者たちとはちょっと違うというわけで、それがもとで全羅道の人たちへの差別が起こった、と私はそう考えるんですが、どうでしょうか。

なぜ全羅道は差別されてきたのか――呉

おもしろい説ですね。いずれにしても、百済と日本はずっと友好関係にありましたから。

全羅道の人たちがなぜ差別されるようになったのかは、どうもよくわからないのです。一般的には、全羅道を本拠とする百済が滅び、慶尚道《けいしょうどう》(半島南東部、古代の新羅の領域で、全羅道とは小白山脈で区切られている)を本拠とする新羅が半島を統一した時代にまで遡ると言われますが……。

済州島も差別されましたが、済州島は島ですし、特に罪人を流したりしましたから差別されたので、全羅道への差別とはちょっと違います。全羅道の場合は、基本にあるのは慶尚道による差別です。

歴史的に慶尚道出身者が政治の中枢を担ってきまして、全羅道は主に農業生産地域だったんです。それが新羅と百済の対立にまで遡るものかどうかはわかりませんが、両地域の言葉も性格もかなり違うことはたしかです。

全羅道では人々の性格も言葉も滑らかですが、慶尚道では性格も言葉もきついんです。全羅道は多島海地域で波も穏やかだし、平野部が広い穀倉地帯です。

それに対して慶尚道は、波が荒くて山が多い、自然条件としては厳しい地域なんです。よく言われますが、全羅道は丸みを帯びた文化、慶尚道は鋭角的な文化と言っていいでしょうか。

ただ、全羅道の人間は言葉が柔らかいから、それに乗ってしまうと騙されるとか、あそこは泥棒が多いとか、そういう言われ方をします。慶尚道の人に言わせると、全羅道の人は田舎者で野蛮な人たち、全羅道の人に言わせると、慶尚道の人たちは生臭いやつら、ということになるようです。

身体的特徴に変わりはありませんが、真ん中に山があるせいで両地域の差が大きいのかもしれません。

全羅道差別が特に強く現れたのは戦後のことだと思います。慶尚道グループがはっきりと中央政治の実権を握ってからですね。

ヨーロッパと日本にしか家紋がない――渡部

話は変わりますが、私は随分昔のことですが、世界の家紋《かもん》を調べたことがあるんです。家紋があるのは封建制度のあるヨーロッパと日本だけなんです。家紋は封建制度の賜物《たまもの》なんです。封建制度は中央集権にならない。日本の封建制度は頼朝以来ですから大変に長い。徳川幕府をみてもそうですが、幕府の命令は藩に及ばないんです。地域での政治はみんな藩でやった。ところが、韓国では中央の命令が末端までいくんです。江戸幕府には末端まで命令をする気がないんです。

当時の日本は大名の集まりでして、たまたま一番大きい徳川家が威張っているけれども、薩摩藩にしろ加賀藩にしろ、みんな徳川家から土地をもらったわけではない。薩摩藩などが琉球を自分のものにしたりしても、江戸幕府はそれにはまったく関与しないいんです。薩摩の島津家は源頼朝以来ですから、徳川家よりもよっぽど素性がしっかりしている。そういうことは、李氏朝鮮のような中央集権国家ではあり得ないことですね。

なぜ韓国は封建制度を採用しなかったのか――呉

なぜ韓国は封建制度を採用しなかったのでしょうか。自然条件、社会条件などで封建制を採用しなかった理由は考えられますか。

シナの真似と地勢の問題――渡部

おそらく、シナが封建制をなくしたことを真似たのだと思います。それに地勢の問題もあるかもしれませんね。

日本には外敵の脅威がなかった――呉

日本では外敵の脅威がなかったので、強固な軍事力をもった中央集権国家が必要ではなく、地方の権力が台頭していったのだと、そう思うのですが。

シナも封建制の時代があった――渡部

どうも封建制というのはうまく説明できないんです。ヨーロッパの封建制は、ローマ帝国の中央集権制がだんだんいい加減になってきて、地方派遣軍の軍団長が中央の言うことをきかなくなっていくんです。その軍団長たちが派遣地の王になる、というのがヨーロッパ封建制の始まりです。シナも昔はそうだった時代があったんです。しかし、隋の頃から中央集権の郡県制度になったんです。その地続きの朝鮮半島で封建制度を採用することは難しい。というよりは、朝鮮半島がシナの諸侯の国の一つになってしまう。

なぜ天皇や王の権威が残ったのか――呉

日本は古代から中央に軍隊を集めないで地方に分散していましたね。それで中央はそれらの軍団に対して指揮命令権をもっていなかった。中央を堅固に守る必要がなかったのだと思います。だいたい、都を城壁で囲まないような伝統の国ですから。だから地方権力が台頭した。

私はどうもそのへんが感覚的にわからないのです。そこから封建制度に移行するのは理屈ではわかるんですが、天皇をなくさないんですね。あくまで形式としては天皇から権限を委譲されたという形を採る。ヨーロッパでも王様の権威が残る。そこが不思議なところです。

日本は中央集権と資格試験が嫌い——渡部

日本は中央集権が嫌いなんですね。ですから、役人登用のための全国統一試験である科挙の制度を採用しなかった。日本は昔から資格試験が嫌いでした。平安時代には学校も試験もあったんですが、結局、血を重んじたんです。藤原氏の出だとか、菅原氏、橘氏の出だとか、みんな血の系統をもった貴族です。

一方、武家の世界では、源氏や平家の血筋はあるのですが、結局は地方の軍団長たちがずっと地域の政治をやって、それが明治まで続くんです。

封建制と多様な方向づけの関係――呉

日本には、資格試験に通らずとも一芸に秀でているというか、何事かを一所懸命にやればいい、という多様な方向づけがありますね。それも封建時代と関係あるんでしょうか。

神代の時代から技術者が尊重されてきた――渡部

関係あると思いますが、そういう傾向はもっと古くからあると言っていいでしょうね。

日本では神代《かみよ》の時代から技術者を尊重しました。織物の神様とか、鍛冶《かじ》の神様とか、技術の頂点に神様がいて、神様が技術を分担していた。だから、殿様たちが多少威張っていても、技術者たちは自分たちの技術は神様に通じているんだという誇りをもっていたんです。

日本の技術者は聖性を帯びている――呉

それが私など韓国人には驚きなんです。ギリシャ神話などを見ても技術の神様が登場しますが、それは古い時代のことでしょう。

神業と人間の技術は別だというところから人間の技術の文化が発展していくと思うんですが、日本ではそういう分離がはっきりしないままに技術が発展しました。そのへんが不思議ですね。李朝では手で物をつくる者＝技術者は卑《いや》しいものとされてきました。

日本では技術者は身分は低くとも、どこか聖性を帯びているのです。

刀鍛冶も桶屋さんも神棚を祀っている――渡部

刀鍛冶でも陶工でも、はたまた桶屋《おけや》さんでも、みんな自分の職業の神様を神棚に祀っています。その点では、ヨーロッパでも日本と似たようなところがあるんです。あらゆる職業にペトロン・セイント（保護の聖人）がついている。たとえば、船乗りならばセイント・クリストファーとか、鍛冶屋ならセイント何々、農業ならセイント何々と、みんなペトロンセイントがついているんです。そして、職業ごとに聖人を祝う日が決まっているんです。

日本でも大工さんの神様を祝う日、鍛冶屋の神様を祝う日とかありましたからね。これはどうも封建時代という点で似ているんですね。偶然かもしれませんが、相互影響でないことはたしかです。

技術者が手抜きをできないというのはまるで信仰のようだ――呉

東南アジアに駐在しているある日本人ビジネスマンですが、「たしかに精密なものは日本の技術がよい、でも大雑把《おおざっぱ》でもよい製品については雑につくってもいいではないか、価格が問題になった場合、日本のようになんでも精密にやっていれば負けてしまう、それがわかっていても日本人は雑にものをつくることができない」と、そういう言い方をする人がいました。

こうなると、もはや信仰というしかないと思いました。

精密だからこそ経済的な面もある——渡部

日本人が手を抜かないから値段が高くなるのはわかるんですが、手を抜かずに精密な物をつくるからかえって安くなることもあるんです。時計のムーブメントなどもそうですが、完全自動、つまり完璧な精密機械となるとかえって安くできる。ですから、わざわざ海外で生産する必要もなくなるんです。

韓国や中国にある「まあいいじゃないか」の精神——呉

韓国にも中国にも、まあいいじゃないか、これだけやったんだから、という精神があって、どこか物事をきわめるというか、精密性を追求しないところがありますね。どちらも鉄鋼などは低級品しかつくっていません（一九九六年時点）。

細かいことがきちんとできないと、大きなものもつくれない――渡部

韓国の造船量は日本とほぼ同じ（一九九六年時点）なんですが、韓国だけで造った船は、国際的なロイドの保険にかからないんです。そのため、船主から、重要な部品は日本から入れよ、という命令がくるんです。肝心な高価な部品は日本から買うしかない状態なのです。日本人は細かいことが好きな縮み志向だと言った韓国人の先生がいましたが、細かいことがちゃんとできなければ大きなものもつくれないんです。だから、奈良の大仏だって戦艦大和だって造れたわけです。

韓国人は「自分がつくらせた」ことが自慢になる――呉

知り合いの日本人女性の話ですが、彼女は自分の手でつくったものを残すことが理想だと言うんです。

私は、「それよりも経営者になって誰かにつくらせたいとは思わないんですか」と聞

いてみたんです。すると彼女は、「とんでもない、自分のつくったものが残れば、子どもたちにこれが私がつくったものだと自慢できる」と言うんです。ものには心とか魂とかが宿っているということなんでしょうね。

韓国人ならば、自分がつくったというより、自分がつくらせたということが自慢になりますから、そう聞いてみたんです。韓国人はものをつくるよりもつくらせる経営をしたいんです。台湾人もそうですね。というよりは、多くの国の人々がそうだと思います。自分がつくったものを残そうとはあまり思わない。

日本には進化しない面がある――渡部

日本は必ずしも進化しないところがあるんです。ハイテクの最先端をいく製品を作りながら土器をいまだに作っている。伊勢神宮で使う土器は最も原始的なままでしょう。また、茶の湯では泥をこねた歪《ゆが》んだ茶碗が何十万円もする。一方、磁器でも日本は極めて優れています。ハイテク用のセラミックは日本の独占に近い。

こんな文化はあまりない。土器があり、陶器があり、磁器があり、ファイン・セラミックがある。みんな残っているんですね。

韓国では古いものを捨てていく――呉

韓国も中国も易姓革命で旧来のものを一新する伝統がありますから、古いものが残りにくい。新しいもの、新しいものと手をつけていって、古いものは捨てていく、そういう傾向が強いんです。

絶対に変わらないものがあるから大きく変われる――渡部

伊勢神宮では、儀式に塩を使う場合、浜に特定の塩田をつくって昔ながらのやり方で塩をつくるんです、建物の建て方も昔のままでね。どこか進歩することを拒否している。

正倉院に、古代に伊勢神宮を建て直したときの物品注文書が残っているんです。それを見て、いまも同じ材料と同じサイズで遷宮《せんぐう》の時の新社殿を造っているんです。絶対進歩しないぞと、そういう面も日本にはあるんです。

まあ幼稚な心理学になりますが、日本人にはそういう面があるからこそ、大きく変わる面をもつことができるのかもしれません。絶対に変わらないものがあるから安心して変われるんじゃないかな、とそう思ったりします。

日本では文化のスクリーンを通過して大きく変化する――呉

日本は外国から入ってきたものをかなりアレンジし、それによって日本に根づかせますね。仏堂の伽藍《がらん》配置でも、最初は塔、金堂、講堂と一直線に並んでいた中国様式が、やがては塔と金堂が左右に振り分けられた様式が生まれる。どこの国でも多少は変えますが、日本の場合は文化のスクリーンがかなり厚くて、そこを通過するうちにグンと大きく変化する。

ファッションでも、パリからそのまま入るのではなく、日本文化のスクリーンを通って入ってくる。韓国や華人文化圏では、日本と比較すればかなりストレートに入ってきます。

漢文を日本語で読むことを知って驚いた――呉

漢語の導入についても、日本は文化スクリーンを通して独自の取り入れ方をしています。

韓国では漢文はそのまま漢語で発音して読むことしかしてきませんでしたが、日本では漢文を翻訳するのではなく、日本語でそのまま読み下す方法をつくり出しましたね。それを知ったとき、そんな方法があったのか、ととても驚きました。

「水」は「みず」と読んでも「すい」と読んでもいい――渡部

「傍若無人」なら、日本語では「傍らに人無きがごとし」と読んだりしますが、韓国では「ボウジャクブジン」式に漢音でしか読まないんですね。要するに、音だけで訓がないんです。日本では水を「みず」と読んでもいいし、「すい」と読んでもいい。韓国では水はどう読みますか。

漢文の知識がほとんどないのに台湾の雑誌をスラスラ読んだ日本人――呉

「ス」という音でしか読みません。水の固有語は「ムル」ですが、水という漢字に「ムル」という固有語をあてて読むことはしません。

台湾で買ってきた雑誌をある日本人に見せたら、興味深くずっと見ていて、あっ、このへんはだいたい読めるよ、と日本語でスラスラと読んで聞かせてくれるんです。その方は漢文の知識はほとんどないと言っていましたが。もちろん訓読みができますし、読み下し文的にかなり読めるそうです。びっくりしました。「しかし」とか「ただし」とか、接続詞をちゃんと交えて読むんです。

韓国では英語を読むように漢文を音で読む――渡部

ある程度の年齢の人なら、けっこうやるでしょうね。韓国では、我々が英語を読むようにそのまま漢文を音で読むわけですから、漢語を知らないとその日本人のようには韓国語で読めないでしょうね。

音読みと訓読みををどう分別しているのか――呉

漢語の単語が韓国語にたくさん入っていますから、漢字、韓国音、意味の対応がよくわかっている人なら、文法は知らなくとも、単純なものならある程度、理解できるとは思います。

日本語では、この場合は「すい」と読む、この場合は「みず」と読むというのをどう分別しているんですか。

わからない人名は音読みすれば失礼ではないという約束事――渡部

熟語はだいたい音で読むんですが、訓で読むこともある。水素は「すいそ」と読みますが、「みずのもと」と読んでもいいわけです。ケースバイケースで、そのへんはずいぶん曖昧です。

それで困るのが人名で、どう読んでいいかわからない名前がたくさんあります。わからない場合、昔は音で読めば失礼ではないという約束があったんです。藤原俊成は「としなり」か「しゅんぜい」か、あるいは「とししげ」という読み方もある。間違える可能性のあるときには、間違えると失礼ですから「しゅんぜい」と音で読むのです。渡部にしても「わたべ」か「わたなべ」か、人によって違うんです。私の友だちに「幸人」という人がいますが、「さちと」と読むんです。しかし、「こうじん」とも「ゆきひと」とも、いろいろ読めるのです。

漢字教育を受けていない戦後の韓国人は漢語か固有語かわからなくなっている――呉

訓読みがあったことが、古い日本語を残すのに大きな力となったんですね。戦後の韓国人の多くは漢字教育を受けていませんから、ある単語が漢語なのか固有語なのかわからなくなってしまうんです。たとえば、ニワトリの卵は韓国語で、「タルギャル」と「キェラン」と二つの言い方があります。なぜ二つあるのか、気にする人はあまりいません。なんとなく二つの韓国語があると思っているだけです。しかし、「キェラン」

は「鶏卵」ですから漢語で、「タルギャル」は固有語なんです。多くが、漢語と気づかずに韓国語と感じて使っているんです。日本人に指摘されて、そうかと気づいたことが私も何度かあります。

韓国語には、漢語が優勢になって使われなくなり、忘れ去られてしまった固有語が少なくありません。たとえば山という基本的な言葉でも、固有語が忘れられて使われていないんです。山は「サン」としか言いません。古くは固有語があったんですが、いまでは死語になっています。漢語でしか言えない言葉がたくさんあるんです。韓国にも日本のような訓読みがあれば、たくさんの固有語が残ったはずなのにと思うと、とても残念です。

戦争直後に漢字廃止を主張した伊藤忠の社長――渡部

ところが、そういう日本語は複雑だから能率的ではない、と言う人もいたんです。しかし、ワープロが発明されてからそういうことを言う人はいなくなりましたね。戦争直後はかなもじ会なんていうのがあって、漢字をやめろという主張をしたんです。

アメリカ兵をみると、タッタカ、タッタカと、猛スピードでタイプを打っているわけです。

ところが、日本の漢字混じり仮名タイプだと超スローモーにしか打てない。これでは太刀打ちできないということで、日本も仮名だけにしようという運動を伊藤忠の社長なんかがやっていたんです。しかし、ワープロ、ファックスが実用化されて能率が悪いという問題がなくなり、漢字文化安泰となったんです。

ハングルを漢字に変換するワープロ——呉

韓国でも、やっと最近（一九九六年時点）、漢字を読めないとわが国の文学がわからないではないかという声が高まり、以前よりは漢字の勉強をするようになってきてはいます。私が小学生のときに漢字が廃止になったんですが、以後、長い間の空白がありますから、場当たり的な方策ではそう簡単に漢字が根づくとは言えませんね。

このところ、ハングルを漢字に変換するワープロの性能がよくなってきました。以前はハングルと日本語の簡単なソフトが一緒になっていて、漢字が必要な場合はカナを入れて漢字に変換するワープロが一般的でしたが。

技術の発展が文化のマイナス要素を打ち破る可能性――渡部

そうなると、かなり変わりますね、書けなくても読めるようにはなりますから。技術の発展が、島とか半島とかの限定を受けてきた文化のマイナス要素を打ち破るということはたしかにあると思います。

第7章

ウリ民族の排他的な集団主義

——アメリカで分散する日本人と集中する韓国人

「ウリ＝我々」を主体に立てて話をする韓国人――呉

韓国人は公的な場になると、不思議に自分が国を背負ったような気分になるものですが、そのへんを考えるには、韓国語のウリという言葉の使い方が一つの手掛かりになるような気がするんです。

ウリとは日本語で言えば「我々」ということで複数形の言葉です。ウリナラと言えば「我々の国」、ウリマルと言えば「我々の言葉」ですが、韓国人は「韓国」とか「韓国語」とかいうよりも「我々の国」「我々の言葉」という使い方を好みますし、そのほうを頻繁に使います。

自分の子どもを言うのに「私の子ども」とは言わないんです。必ず「我々の子ども」と言います。奥さんについても、場合によっては「我々の妻」と言うことすらあります。もちろん、共有の妻ということではないんですよ（笑）。「私たち家族のお母さん」という意味ですね。

たとえば、友だちと歩いていて自分が通っている学校の前に来たら、日本人ならば

「これは私の学校です」と言うでしょう。でも韓国人ならば、「これは我々の学校です」と言います。友だちに恩師を紹介するにも、「この方は我々の先生です」と紹介します。「私の家に行こう」とは言わずに、必ず「我々の家に行こう」と言います。

韓国人はすぐ、「私が、私が」と自分を押し立てて主張をすると言いますが、言葉の使い方では多くの場合が、「ウリ、ウリ」なんです。つまり、主体が個ではなく共同性なんです。

言葉の機能としては、自分以外にもメンバーがいる場合にはウリを使うわけですが、言葉の作用としては、ウリ内部の親和的な情緒を呼び起こします。ですから、「ウリ何々」と言えば、その「何々」は単に複数の私の主観の対象なのではなく、ウリ内部の共同的な親和性と分かちがたく結びついたものとなります。

ウリは、そういう内部に対する親和性の一方で、外部に対しては逆に強い排他性、差別性をもつことになる。内と外に対して、そういう裏腹の作用をもっています。ウリという韓国語は、そういう集団心理、あるいは共同性の情緒から自由ではないという点で、日本語の「我々・私たち」や英語の「ウイ」のような、単なる「私」の複数形の言葉ではないいんです。日本語の「わが君」などの「わが」は近いかなと思いますが。

公的な場では「ウリ民族」が「完全な善」になる――呉

そこで、韓国人にとって一番大きなウリ、「ウリ民族」の問題です。ウリ民族にとって公的な場とは、一応、「ウリがウリ内部の親和性の通じない外部とのコミュニケーションを意識した場」と言ってよいと思います。その意味では、ウリ民族にとってウリ内部の媒体である新聞や雑誌の場は、必ずしも公的な場ではありません。呼びかけがウリ民族の内部に向けて行われる場合は、政府を批判したり、韓国人自身の批判をしたり、日本人を褒《ほ》めたりすることは盛んに行われます。それは根本でのウリ内部の親和性が了解されているという意識に立つためです。

しかし、外国人記者のインタビューに答えたり、あるいは国会の席上で発言したりする場合であれば、ウリ民族の共同的な親和性が外部への排他性を露わにすることになります。そこではウリ民族は完全な善となり、したがって排他的な善となるのです。これがパブリックな場でのウリ民族の現れ方なんです。

私が韓国から批判されたのもそのためです。パブリックな場で排他的な善を示さなかったことは、ウリ民族の一員としてはあり得ないことなのであって、だから日本人が書いたのだろうと考えてしまうわけです。ただ、家族だけは私の味方ですね。どんなに他の韓国人が非難しようと、家族だけは私と一緒になって怒ってくれます。結局、韓国で最終的に頼ることができるのは、この最小のウリ集団だけなんです。

日本の統治時代をプラス評価ができる場はあるのか――渡部

実に興味深いですね。すると、植民地時代の日本をプラス評価する場合にウリとの関係はどうなるんですか。

対日本民族優位主義という民族アイデンティティ――呉

そこが重要なところです。まったくプライベートな場では、人はウリ民族ではなく私人として登場しますから、植民地時代の日本をプラス評価する人は少なくないのですが、パブリックな場ではウリ民族の絶対善が情緒を満たしますから、プラス評価はとてもできません。

ただ不思議なことに、民主化以後はかなり自由な言論が行われてきたウリ民族内部の新聞や雑誌の場、いわばセミ・パブリックな場でも、この問題に限ってはプラス評価ができなくなるんです。

それはなぜか、というところに現代韓国が抱えている根本的な問題が見えています。アメリカを評価したり、中国を評価したり、それらの諸国への対応で韓国はよくなかったと自己批判したりすることはやるのに、植民地時代の日本へのプラス評価だけはできない。それはなぜなのか、ということです。一応、政治的な言論統制はないわけです。それならば言う人が出てきてもいいではないかとなるんですが、そうはなりません。それは戦後の韓国が、対日本民族優位主義を最大の柱として民族アイデンティティをつくり上げてきたからです。

つまり、日本（人）評価とそれにかかわる韓国（人）の自己批判はある限界値をもっていて、この民族アイデンティティの根幹を揺るがさないものである限り可能となっている、ということです。そこに触れた途端に、凄まじいウリ民族の排他性の情緒が吹き出す。なぜならば、それはウリ民族にとってはアイデンティティの喪失に繋がるものだからです。

アメリカにいる二世、三世の意識はどうなっているのか――渡部

『スカートの風』の時にも感心したことなんですが、呉さんは言葉に対してとても敏感なんですね。いま、ウリという言葉からその背景にある思想をいろいろ述べられましたが、非常におもしろいですね。別の面からお聞きしたいんですが、アメリカへ渡ってしばらくたった韓国人の意識はどう変化しますか。一世はあまり変わらんでしょうが、二世、三世ですね。

本国の韓国人と話が通じないのが辛い――呉

私は大学院の修士論文を書くために、アメリカの韓国人についてかなり調べたことがあります。一世も含めて、多くの場合はこのままアメリカで生活していきたいと言いますね。もちろん、アメリカである程度成功しているからとか、韓国には政治不安

があるからとか、いろいろな事情はあるかもしれません。

韓国も経済的に豊かになっているし、民主化されもしましたから、もっと帰りたいという人がいるかと思ったんですが、そうではない。なぜなのかと聞いてみますと、本国の韓国人と話が通じないのが辛いという人が多いんですね。

ウリ民族と星条旗への忠誠は両立するのか――渡部

ウリ意識はどうなんですか。アメリカにいれば星条旗に忠誠を誓わなくてはならないから、ウリ、ウリなんて言っていられない……。

寄り集まって生活するからウリ集団が生まれる――呉

アメリカの韓国人は寄り集まって生活していますから、やはりウリ集団が生まれるんです。韓国人は中国人のチャイナタウンのように、集まって生活します。ロスのコリアタウンなんかはその典型ですね。

そのため、本国以来のウリ意識はかなり濃厚に残るんですが、考え方はだんだんとアメリカナイズされていきます。その点では、本国の韓国人に対しては一定の距離を感じています。

なぜロス暴動で韓国人が黒人に攻撃されたのか――渡部

ロスでは、韓国人が固まっていたから黒人に攻撃されたんでしょう？

ロス暴動の本質は階層問題――呉

韓国人と黒人の軋轢《あつれき》は以前からありましたが、ロス暴動（一九九二年）がなぜ起きたかはまた別の問題だと思います。私の考えでは、ロス暴動は本質的には民族問題ではなく、階層問題なんです。黒人たちの狙いは、ビバリーヒルズやハリウッドにあったわけですが、そこへ行く道にコリアタウンがある。そして、韓国人たちとも摩擦がありましたから、焼き討ちとなってしまったわけです。

韓国人移民は金持ち層と貧困層の中間地域に入った――呉

韓国人移民は一定の成功を収めたと言えるでしょうね。ただ、アメリカ側が生み出した条件があって、タイミングよくそこへ入り込めたことが大きいです。

アメリカでは、一九六〇年代、七〇年代から貧富の差がどんどん開いていき、特に工場労働者の仕事がなくなっていって、多くの中間層が貧困層へと没落していきます。ロスでは、北のビバリーヒルズやハリウッドに金持ちたちが住み、南のワッツあたりを中心に貧困黒人層が住み、その両者の間に白人中間層が住むという構図だったのですが、中間層が崩壊し始めてその地域の人口が希薄となり、治安も悪くなったため、余裕のある中間層がみんな都市の外へ出てしまったんです。そのため、金持ち地域と貧困地域との間がスッポリと空白地帯になってしまい、だんだんとスラム化が進行しました。

それが一九七〇年頃に顕著になってきたのですが、ちょうどその頃、移民割当が増えて韓国からの移民がしやすくなったのです。ロス市はこの空白地帯をアジア人で埋めようと、さまざまな便宜を図って韓国人を引き入れました。つまり、金持ち層と貧困層が直接接し合わないように、そこへ韓国人を入れたんですね。韓国人たちはそこで、没落中間層や貧困黒人層を相手にして小さな店を始めました。そうして現在のコリアタウンができたのです。

日本人はアメリカで集中居住しない――渡部

日本人は戦後はアメリカに移民していませんが、韓国はベトナム戦争のおかげで移民の割当が自由になったんですね。カリフォルニアの農地の八〇パーセントくらいは、戦前の日本人移民が開拓したんです。それが、一九二四年の法律で土地がもてなくなってしまったため、多くの人たちが帰ってきたんですね。

いまの日本人はアメリカで集まって生活しませんね。あっちこっちに散在している。リトル・トウキョウなんかにも日本人がたくさんいるなんてことはなくなっていますし。ニューヨークなんかへ行っても日本人がいますが、集中してはいませんね。また、日本人同士、特につきあうということもあまりないようです。

集団づくりが苦手な韓国人も移民は集中居住する──呉

日本人のアメリカ移民は歴史が長いですし、大多数が二世、三世になっていますから、もはやアメリカ人として溶け込んでいるんです。韓国人の移民は、本格的には一九七〇年代からですから、今後どうなるかわかりませんが、いまのところはアメリカ各地に集中してコリアタウンをつくっています。

日本人はすぐに集団を組むし集団となると強い、韓国人は集団を組むのが上手ではなくバラバラだと言われますが、外国への移民に関してはどうもそういうことは言えない。そこがおもしろいですね。

外国人と話をしているとき、ウリ民族になってしまう韓国人──呉

韓国人は血縁集団としてのウリの外で、個人の資格で集団を組むのがヘタなんです。しかし、それが血縁ウリ集団となるとスッとまとまります。移民の場合は民族的な血

の繋がり、ウリ民族でまとまるんです。普段は韓国人同士はかなり悪口を言い合って喧嘩することが多いですが、枠組みがウリ民族となると、内部への親和性、外部への排他性で強固な集団となるんです。

韓国人は韓国人同士で共食いをやっている、などとよく言われるんですが、黒人などのウリ外部と向き合うことになった途端、素晴らしい団結力が発揮されます。平和時には内部のウリ同士でぶつかって、不安な問題がもち上がると一個のウリ集団となって外部に対抗する。外国人と話をしているときなどは、どうしても私が私でなくなり、ウリ民族になってしまうのが韓国人です。

アメリカで分散する日本人と集中する韓国人――呉

よく、日本人は集団主義だ、集団にならなくては何もできない、個人個人では力がない人たちだと、そういう言い方がされますね。韓国人もそれがあたかも常識のように言います。しかし、アメリカの移民を見れば、それがまったく誤解であることがわかります。日本人は最初は一カ所に集まっても、そこを起点としてだんだんと各地に散っていくんです。

しかし韓国人の場合は、そこは単なる起点でも基地でもなく、そこ自体をだんだんと拡張していくんです。次々と移民がやって来て、同胞たちが集まっている周囲に土地を買ってどんどん広げていく。その集まり方は、この十年ほどの間（一九九六年時点）の日本の新宿・歌舞伎町に典型的に見られます。

コリアタウンでは外国人と接触しなくても生活できる――呉

ロスの場合とちょっと違うのは、歌舞伎町の場合、最初にやって来るのはホステスたちです。そして、仕事場に近い歌舞伎町周辺に住まいます。このホステスたちが日本人相手にたくさんのお金を稼《かせ》ぐ。すると、今度はそのホステスを相手に商売を考える者たちが出てきます。韓国からやって来たり、すでにやって来ている留学生たちがその商売をします。

韓国人向けのスーパーが、食堂ができる。イブニングドレスや靴を売る店ができ、美容室、マッサージ店ができる。韓国ビデオやＣＤのレンタル店ができ、そして、韓国人専門の不動産屋、民宿、職業紹介所までできる。また、彼女たちが国に送金するわけですが、それを狙った商売ができる。国に送金するには、わざわざ韓国資本の銀行へ行くんですが、その日のうちには本国の銀行に入らないんです。そのため、あちこちに仮の銀行のようなものができるんです。そこでは、そこにお金を入れれば、すぐに同じ金額のお金が本国の指定の口座に振り込まれるようなシステムになっています。電話で呼んでお金を渡せば、その日のうちに本国の口座にお金が振り込まれるので大変便利なわけです。

次から次へと韓国人が集まり、さまざまな商売が歌舞伎町を中心に展開されるのですが、そのうち、韓国人相手の生活情報誌ができます。最初はワープロの打ち出しをそのまま印刷した粗末なものだったんですが、活字を使った立派な情報誌となり、それをきっかけに何冊も出るようになっています。そして、その情報誌に韓国人相手の商売の広告がたくさん載るんです。

こうして、一つの小さな韓国人の世界ができるわけです。そこへ行けば韓国人に必要なものはなんでも揃《そろ》うし、日本人と接触しなくとも生活できる。こういうやり方は、ロスのコリアタウンでもまったく同じなんです。

アメリカにいる二世と親との間に葛藤は起きないのか――渡部

アメリカ二世の韓国人子弟が就職するとなると、親がやっている店ではなく、アメリカの一般の会社に就職したいと考えるでしょうが、その場合、家族は困るんじゃないですか。

韓国の新聞は、アメリカの二世たちが民族意識を失っていると嘆いた――呉

韓国人は一般に、子どもには自分がやっている仕事よりもよい仕事に就かせたいと考えますから、小さな店であれば、あまり継がせようとは思わないですね。本当は、コリアタウンなんかで小さな商店の経営などやっていたくないんです。できることなら、一般のアメリカ人のなかに入って仕事もし、生活もしたい。しかし、自分たちにはそれができなかった、子どもにはやってもらいたい、とそういう気持ちなんです。

二世以降はかなり変わりますね。韓国の新聞社がアメリカで行ったアンケート調査

があります。何かアメリカと韓国とのスポーツ競技だったんですが、韓国人移民の子弟たちにどちらを応援したかという質問をした結果、ほとんどの子どもたちがアメリカを応援したと答えています。その結果に、韓国の新聞は、アメリカの二世たちは民族意識を失っていると嘆いていました。

他国の国籍を取るためには母国と戦争する覚悟を決めなければならない――渡部

その発想で日本でもやっているわけですね。東京で、韓国籍の保健婦さんが管理職につけないといって訴えました。しかし、国籍のない人が公務員として出世しようなんていうのは、国際的に言ってナンセンスなんですね。たまたま、いまの日本には徴兵制はありませんが、その発想でいけば、他の国だったら徴兵されて戦争に行かなくてはならないのです。

アメリカの日本人二世もそうだったんですが、その国の国籍を取るためには、母国と戦争する覚悟を決めなくてはなりません。その覚悟があって、その国の人と同等に扱われる。ですから、国籍を取らないということは、その国の人と同じ権利をもつことはできない、差別的な待遇を受けて当然なのです。

この明快な論理が、在日の人の場合ははっきりしていないんですね。また、韓国本国もはっきりしていない。アメリカへ行ったり日本へ行ったりしてその国の国籍を取ったなら、その国に忠誠を誓わなくてはならない。ですから、アメリカのコリア二世たちがアメリカチームを応援したからといって、嘆くのはおかしいんです。

日本国籍を取ることは売国行為と考える傾向が強い――呉

アメリカに移民した韓国人は、アメリカの永住権を取るのに必死ですね。みんな、なんとかして取りたいと思っています。アメリカ国籍を取るのはとても喜ばしいことなんですね。しかし、日本の国籍を取ることは国を売ることだ、というような傾向がいまだに強いんです。

ロシアにも中国にも韓国人はいますが、みんなあっちの国籍を取っています。ところが、在日韓国・朝鮮人だけは取る人が少ない。その矛盾を二世、三世ではかなり感じている人たちがいます。結婚適齢期の若い人たちでは帰化するケースがかなり多くなっています。たいていは日本人と結婚して帰化するわけですが、それを一世のおじいさん、おばあさんたちの多くは嘆いていますね。それで、民団などでは若い在日二世、三世の男女たちのために、たびたびパーティーを開いています。なんとか同じ民族同士で結婚させたいんですね。アメリカではそうでもありませんし、帰化しても非難されることはないのに、日本への帰化については、本国人たちも国を捨てたと非難するんですね。

日本に軍隊があれば真剣に国籍問題を考えただろう――渡部

戦後の日本政府の政策も悪かったと思います。帰化しないなら本国へ送還するとかの制度を設けて、意思決定させる方法もあったはずです。また、日本に軍隊があって徴兵制があり、帰化すれば兵役を受けなくてはならないという事情だったら、在日の人ももっと深く国籍問題について考えたと思うんです。ところが、日本には兵役がないが韓国にはある、それなら日本にいるほうがいい、といった判断もあったんじゃないでしょうか。国籍を取らずに日本にいられるとなると、日本の特権と韓国の特権を両方もてることになりますから。

アメリカの場合で言えば、湾岸戦争が勃発したとき、永住権をもっている日本人がかなり帰って来ました。徴兵されるかもしれないからですね。日本に軍隊があって徴兵制があればそういう問題を突きつけられますから、在日の人たちも真剣に、日本人になるか、韓国人として本国へ戻るかを考えたと思います。いまの状態では、どっちに決めなくてもいいんですね。

反日という特殊な思想状況が大きく影響した――呉

ただ、本国があまりに冷たかったということもありますし、在日切り捨て政策もとりましたからね。帰りたくても帰れないという事情もあったと思うんですが、やはり、反日という戦後の特殊な思想状況が加担していたと思います。

日本人は集団で強く個人で弱いというのは本当か――呉

先ほど、日本人はすぐに集団を組むという話をしました。日本人は集団では強いが個人では弱い、とそういう言い方が世界的に一般化されていますが、それは本当のことでしょうか。韓国人は声が大きいですし自己主張も強いので、どこか日本人が個人としては弱々しく見えるのはたしかです。中国人などもだいたい同じ感想をもっています。そういうことについて、どう思われますか。

個人プレーよりチームプレーの効率がいいことを知っている日本人——渡部

明治の頃の日本軍の強さは一種、神秘的なほどでした。清国に勝ったということは大したことはないんですが、ロシアに勝つなどということは、当時の世界の常識では考えられないことだったんですね。ロシアは世界最大・最強の陸軍をもっていまして、ナポレオンにも勝っている。ドイツも強力な軍隊をもっていたんですが、ロシアとだけは戦争をしないことにしていた。そのロシアと戦って陸軍も海軍も勝ってしまった。小さな日本がなぜ大きなロシアに勝つことができたのか。そのへんから、日本人は団結心が強い、という見方が生まれたんだろうと思います。一つにはそうでしょう。

当時のアジアには団結した国が一つもなかったし、近代的な軍隊をつくれる力をもった国がありませんでした。孫文《そんぶん》が言ったように、シナ人は砂みたいなもので、いくら摑《つか》んでもパラパラとこぼれると。韓国も当時は国家の体を成していませんでしたから、とても戦争なんかできる状態ではなかった。そうなると、なぜ日本はできたのかということで、あいつらは固まっているからだろう、とそういう判断になったんじゃないでしょうか。

それから、これは戦後まで続いていることかもしれませんが、日本人はチームワークのほうが個人プレーよりも効率がいいことを知っているんです。それで、チームワークするためには必ず自分を抑えなくてはなりません。俺が、俺が、と言っていたんではチームワークになりませんからね。ということで、一人になったときにも抑え癖が出て、弱く見えるのかもしれません。

言葉や身体の表現を見て、日本人は個人で弱いと言っているのではないか――呉

たしかにそんな面が感じられますね。韓国人や中国人が日本人は個人では弱いと言う場合、何をもってそう言うのかと、いろいろと聞いたり考えたりしますと、どうも言葉や身体の表現に行き着くようです。韓国人や中国人は議論になった場合、とにかく相手を圧倒するために、激しく、汚く、強い言葉を吐き、身振りも声も大きくなる。相手に話をさせないように延々と喋り続けます。

ところが日本人では、そういう人は少ないですね。できるだけ静かに、興奮しないようにと努力している人が多いんです。混乱した議論になると途中で嫌になって、わかった、わかったと下りてしまう人もいます。それで、弱いというイメージになって、なんだ一人だと能力がないいんじゃないか、とそうなっているんじゃないかと思うんです。

中小企業を見れば個人の強さがわかる——渡部

日本人に個人的な能力がないというのはまったく根拠がないですね。日本にはたくさんの中小企業がありますが、多くが個人経営ですね。日本の経済を支えているのは、そういう中小企業のおっさんたちだと言ってもいいくらいです。まったく個人で経営していて、四、五人から数十人の職工さんを雇って、その分野では世界の生産高の七〇～八〇パーセントをつくっているなんていう中小企業が日本にはたくさんあるんです。たしかに論争では弱いかもしれない。最初から、そんなのやったってしょうがない、という気持ちが日本人にはあるんです。

日本人との議論に勝つ方法――呉

私も日本に来た当初は、日本人に負けない方法というのを考えました。それは、日本人が二人以上いる時には論争などを仕掛けないこと。相手が一人ならば、徹底的にやれば必ず勝つんです。日本人て不思議なんですね。常に韓国批判をしているような人でも、韓国人に一人で面と向かうと、なぜか日本の反省ばかりを口にする人が多いんです。なんとか日本の悪いことを言おうとするし、韓国のいいところを褒めようとします。日帝三十六年の支配は、などと韓国人のほうが言えば、ほとんどの場合、いや、我々は謝らなくてはなりませんね、となってしまう。それで議論に勝った、日本人は弱いなどと錯覚してしまうんです。要するに、その程度のことで日本人は個人では弱い、何も能力はない、自分はそれを実際に体験したからそう言える、と考えているんです。

長い目で見ると、一歩退いている人のほうが勝つという価値観――渡部

たしかに、日帝三十六年は日本だけが悪かったということを戦後、日教組という反日教師団体が学校で教えましたから、それを出されると弱いという日本人が多いことは事実です。

日本人の個人と集団の問題を別の面で言いますと、日本には剣道だとか柔道だとか個人競技が伝統的にありますね。剣道は元来は剣術でして、真剣の一対一で命を賭けて戦うわけです。そういう個人の能力を競う伝統があるんですが、振り返って考えると、一対一で勝つ強い豪傑とは言っても、結局は消えるんですよ。後藤又兵衛とか荒木又右衛門とかいろいろな豪傑はいても、そういう個人的な力が天下を動かしたわけではない。また、そういう力を集めれば強い武士の集団ができるわけではない。結局、チームワークのほうが勝つんですよ。徳川武士団が勝ち残ったのもそのためでしょう。

そういう長い経験が日本にはあるんです。

『日本資本主義の精神』という本で、山本七平さんが活字職人のことを書いています。腕のある職人は賃金が高いから、印刷屋から印刷屋を渡り歩くんです。しかし、腕のない者はしょうがないから一つの職場にずっといる。それで真面目に仕事をしてお客さんの信頼も受けて、やがて自分の印刷屋をもつようになる、と言うんです。

能力に秀でた者ではなく、なんとなく技術がそれほどでない者が、今度は能力のある者を使うようになるんですね。芸者でも、あまり美人だったり踊りがうまかったりすると、のちに店をもてないと言います。むしろ、不美人の仲居さんみたいなのが店をもつんですね。

これはどういうことかと言いますと、晴れの舞台に出られることは素晴らしいことなんだけれども、そこから一歩退いている人のほうが、長い目で見るとうまくいっているぞ、という経験を日本人はしてきているんですね。

日本人は商売がヘタだという錯覚――呉

ある中国人が書いた本では、中国人は商売がうまいが日本人はヘタで職人向きだ、とそう書いていましたが、それも一種の錯覚でしょうか。

個人の商人としてはシナ人が上、商社は日本が世界最強――渡部

おそらく、個人商人としてはシナ人のほうが上だと思います。ところが、商社となると天と地ほどの差があります。三菱商事とか三井物産とか、あの一千分の一の規模の商社すらシナ人はもっていません。世界で商社が成功しているのは日本だけです。韓国がしきりに真似してますが、まだ子どもみたいなものです。三菱商事なんかは取引高が二十兆円とも三十兆円とも言われるほどなんです。そういう商社が一社ではなく、たくさんあるんです。ですから、日本人が商売がヘタだなどとはまったく言えないんです。金貸し、金融がヘタということもないんです。いま住専問題でちょっとパフォーマンスが弱いですが、バブル崩壊までは、預金高では世界の銀行の十位までのおそらく七行までが日本の銀行でした。

現地人と一体となっての国際ビジネスはヘタという印象——呉

現実はそうなのに、なぜ日本人は商売がヘタだと言われることになるんでしょうか。上海でも香港でも現地のビジネスマンから聞きましたが、欧米から来るビジネスマンはとてもビジネスがうまいと言います。ところが、日本人はまったくヘタだと言うんです。どこがヘタかと聞いてみますと、チャンスに機敏に反応しない、と言うんです。たとえば、マネージメントの面ですが、欧米系の企業は、社員全員に会社の動きなどがわかるようにするし、経費を使うべきところで気前よく使うから社員も動きやすい、しかし日系企業は、上のほうだけでコソコソと会議をやっているし時間もかかる、とそう言っていました。どうも現地人と一体となっての国際ビジネスはヘタだ、とそういう印象を述べていました。

結果的に実利を取っている日本のビジネス——渡部

目先だけでは動かないから、ヘタみたいな印象を与えるんじゃないですか。でも結果を見ると、まずいいところは日本企業が取っているんですね。やはり、チームワークがうまいんでしょうね。

第8章

原始の尻尾がついている日本の自然主義

——韓国で見えにくくなった美学が日本で生きている

なぜ神社を不気味と感じたのか――渡部

呉さんは神社に大変興味をおもちだそうですね。たしか最初の頃にお書きになった本では、神社は不気味だということをおっしゃっていました。なぜ不気味と感じたかということについても、もう少し詳しく伺いたいんですが、それがなぜ興味をもたれるようになったのか、私はそこに興味をもつんです。そのへんについてお話ししていただけますか。

韓国のシャーマニズムには怖いイメージがある――呉

私だけでなく多くの韓国人がそうですが、神社を見ますと韓国でやっているシャーマニズムを連想するんです。韓国のシャーマニズムは、都会ではなく田舎の山のなかとか海の近くに小さな祠《ほこら》をつくってやっているのですが、そういう場はみんな人気《ひとけ》のない気味の悪い場なんですね。普段は人が行かないような場所で、そこへ行くと悪霊が憑《つ》くと言われていますから、祭以外は誰も近づかないんです。そして、斎場には日本の注連縄《しめなわ》のような綱を張るんです。

神社は都会にもたくさんあるんですが、それでもなかに入ると薄暗いですからね。そういう韓国のシャーマニズムに怖いイメージがありましたもので、その連想で神社を怖い場所だと感じていたんです。特に私がクリスチャンだからかもしれませんが、一般の韓国人もだいたいは気味が悪いと言います。

シャーマニズムは知識人が近寄るようなものではない――呉

他の韓国人に聞いてみますと、日本はいくら近代国家になったとは言っても、精神的にはまだまだ前近代的な未開人なんだ（笑）、そう思うと言うんです。私も当時は、そうだ、そうだと言ってました。韓国ではシャーマニズムを信じている人は、田舎の遅れたおばあさんというイメージでして、とても知識人が近寄るようなものではないんです。

ところが、日本にいる以上は神社を避けられませんね。東京にいても、いたるところに神社があって、逃れようにも逃れられません。それに、私は何回か引っ越しをしましたが、不思議にいつもその隣に神社があるんです。神社には必ず森がありますね。私は緑の多いところに住みたいと思いますので、あっ、ここには緑が多い、とそう思って引っ越しをすると、そこが神社なんです。森があるのは素敵なんですが、それが神社なので気持ち悪いんですね。窓を開けると木々の緑が目に入ってくる、夏になると蟬の声が聞こえてくる、東京の真ん中でこんな味わい深い環境を得られるとは思いもしませんでした。

私は若い頃、ソウルに住んでいましたが、ソウルでは蟬の声を聞いたことがありませんでした。蟬の声と言えば、小さい頃に田舎で聞いただけで長い間、聞いていませんでしたが、それがうるさいほど聞こえてくるんです。それで気分爽快になるんですが、よく見ると神社のお社《やしろ》が見えたりして、気持ち悪くなってしまうんです。

神社がなくなるようにと神様に祈った――呉

当時、私が通っていた教会の者たちが私の部屋に来ると、みんなでお祈りをすることがよくありました。牧師さんは、「山に登って大きな声を出し、気が抜けるほど体を揺らしてお祈りしなさい」と教えていました。それで、みんなで窓を開けて神社を見下ろし、この神社をなくしてここに教会を建てなくてはならない、とそのためにお祈りしようということになったんです。開け広げた窓に向かって、五人が大声で、この神社がなくなってここにキリストの十字架が立ちますように神様お助けください、と声を振り絞って叫ぶんです（笑）。

神社をなくすという使命感――渡部

使命感みたいなものがあったんでしょうか。

祭り囃子が聞こえてくると大声で賛美歌を歌った――呉

ええ、ありました。牧師さんは、「この日本は八百万の邪鬼がいる国だから、その邪鬼を追い出して早くキリスト教を広めなくてはならない、それが我々の使命である」と説教するんです。「あなたは留学生として日本に来たにしても、それは神様の目的ではない、日本にキリスト教を布教するために神様のお計らいで派遣されたのだ、それが使命なのだ」と言われて、私も一心にそう思っていましたね。

神社の祭の音が聞こえてくると即、拒絶反応が起きまして、そのたびに大声で賛美歌を歌ったりしたんです。その頃は、神社の知識はまるでありませんでしたし、神社のことなど知ってはいけないと牧師さんも言ってましたから、知ろうともしませんでした。ところが、だんだん日本人を知り日本を知るようになっていって、なぜみんな神社にお参りするのかを知りたくなったんです。そこがわからなければ日本人はわからないいんじゃないか、とそう感じたんです。これはもう、入り込むしかないと思いました。それで、日本人と会うたびに神社についていろいろと聞いてみたり、本もいろいろ読んでみました。

お参りする一流会社の部長がみっともなく見えた――呉

多くの日本人は、生まれるとお母さんに抱かれて神様に報告するのが神社だし、小さい頃から神社ではよく遊び、またお祭には必ず行ってとても楽しかった思い出がある、と言うんですね。若い頃、女性をデートに誘うにも、神社の祭に一緒に行きませんか、というとやりやすかったという人もいました。それで、なぜ神社でデートなんですかと聞きますと、縁結びの神様がいるからね、とか言うんです。そういう方たちからの話と、とくに民俗学関係の本から、神社がいかに日本人の生活に密着したものであり、親しまれ続けてきたものなのか、ということを知りました。

それから、機会あるごとに神社に行って日本人を観察してみたんです。若い人もお年寄りも子どもも、みんなポンポンと手を打ってお参りしていく。高価なスーツをビシッと着た恰幅《かっぷく》のいい紳士までが、こう腰を折って頭を下げているんです。ある日、大きな会社の部長さんと会っていたときに、ちょっと神社でお参りをしたいというので一緒について行ったんです。百円玉なんかをお賽銭箱に入れて、一流会社の国際部長さんが身体を小さくしてお参りしている。なんだかとてもみっともなく見えてしまうんです。何を祈ったんですかと聞きますと、いや、近くまで来たから、なんとなくお参りしないといけないような気がして、と言うんです。国際ビジネスマンなのにわけのわからない人だと思いました。そのへんで、これは手に負えないと一旦は諦《あきら》めたんです。

超近代国家のインテリに感じた落差――呉

それから少し経って、ふと、自分も神社で祈る気持ちになってみればわかるんじゃないか、とそう思ったんです。気持ちは違っても、つまりそこでイエス・キリストに祈りを捧げたとしても、格好だけでもやってみようとしたんです。それで日本人と一緒に神社に行ったときなど、わざと声を出して、キリストの神様、とか祈りの言葉を言うわけです（笑）。はっきりした祈りの対象がないと祈れませんからね。ところが、それからもいろいろ日本人に質問してわかったことは、みんなどうも祈りの対象が曖昧だということなんです。

どんな神様に何を祈ったんですかと聞くと、「まあ、ご先祖さまに健康をね」とか言うんです。「ここの神様は先祖なんですか」と聞くと、「いや、そうじゃないけど、氏《うじ》神《がみ》さまで土地の神様だから……」などとはっきりしない。何の神様かすら知らないで祈っている人もいるんです。まるで韓国の田舎のおばあさんが、なんだかわけのわからない神様に祈っているのと同じみたいなんです。それが超近代国家のインテリたちのことですから、この落差がわからない。

それで悩みまして、結局、韓国のキリスト教の価値観で考えようとしているからわからないんだ、韓国のキリスト教とは距離を置いて見ないとわからないんだと思うようになったんです。その頃、たまたま私の属していた教会にトラブルが発生して内部分裂してしまったんです。私自身も韓国のキリスト教に対してはかなり疑問に感じることが多くなっていたこともあって、それを機会に教会から離れることにしたんです。

それから、日本人のように、とにかく漠然とした神様に対して、漠然とした気持ちで手を合わせて拝む、ということを神社に行くたびにやっていたんです。それで少しずつ神道関係の本も読むようになりまして、だんだんと興味が深まっていったんです。

最も興味深かったところ——渡部

どんなところが興味深いですか。

神道は昇華したシャーマニズムである──呉

一つには、この一、二年、あちこちと旅行して神社を参拝する機会が多かったんですが、それまでまったく興味のなかった神社建築に惹《ひ》かれるようになりました。美しいと思いましたね。昔は田舎のあばら家みたいに感じていたんですが、綺麗だなと思いました。なぜそう思うのか自分でも不思議なんですが、心境の変化があったようです。

神社建築もそうですが、神道はアニミズムやシャーマニズム、あるいは自然信仰を昇華させたものと思えるようになったんです。根っこについている土を綺麗に洗って、根っこの肌の白い清浄な美しさを漂わせている、そんな感じなんです。いわば、洗練されたシャーマニズムと言ったらいいでしょうか。

通常は高度になりようのないプリミティブな信仰が、日本では高度に昇華した姿をもって現在に生きている。そのあり方を興味深く感じました。昇華させることができたからこそいまあるので、そうでなければ、韓国や他のアジア諸国のように、中央や知識人からは見放され、田舎の片隅で細々と生きるしかなかったろうと思います。

何々の神様と祈る場合もあるでしょうが、その神様には名前がついています。人格神なんですね。明らかにこれは、自然を人と同じようにみなしていた自然信仰というか、信仰以前の意識に由来するものだと思います。ですから、多くの人たちが神様の名前も気にしないで、漠然とした対象に祈りを捧げる理由も、根本にある信仰の対象が自然そのものだからだと理解しました。

もっとも、勉強のほうはあまりしませんで、もっぱら普通の日本人や神主さんの話を伺ったり、自分の感じ方を考えてみたりということで、まだ理論的とか学問的とかいうレベルでわかっているわけではありません。ですから、どこまで自分の考えがあたっているのかはわかりません。でも、自分では何か核心をとらえた、というような直感はあるんです。


日本人の意識のベースには、自然と人間が一緒くただった時代が残っている――呉

そして、この日本人の核のようなものは、はたしてアジア人に共通なものなのだろうかと考えました。韓国人も日本人も中国人も同じアジア人、だから、根本にあるものは同じだと、わかりあえるんだと、そう言いますね。もちろん、アジア的な共通性はたくさんあるわけですが、日本の場合はアジア以前のものが残っていて、そっちのほうが日本人の意識のベースにあるんではないかと思うんです。自然信仰をもつ前の、自然と人間が一緒くたになっているような時代の意識ですね。

道端の花と話をするおばあさん——呉

それは韓国にも中国にもあったはずですね。しかし、韓国や中国では、それが文化の発展とともに薄れていって、ほとんど見えなくなっています。儒教の影響だと思いますが、韓国や中国では、自然と別れて自然と向き合う人間の意識のほうがベースを形づくっていくようになったのではないかと思うんです。日本では、自然と向き合う人間の意識が強くなっても、それと並行して自然と一緒くたの意識がずっと連続していったと思います。

日本ではなぜか、古い時代からの意識層が重層化して残っていくんじゃないでしょうか。証拠はありませんが、日本人と話していると、そう考えるしかないんです。自然に対する感受性が明らかに特異ですよ、日本人は。中国人や韓国人とはまったく違う感受性をもっています。

たとえば、「もののあわれ」です。そんなものはいまの日本人にはないと言う人がいるかもしれませんが、私には確実にあると思えます。自然に感じて情緒が動くということは、どこの国の人にもあるかもしれませんが、「もののあわれ」とは、言ってみれば、命あるものの儚《はかな》さに触れての心の感動ですね。自分自身の儚さや弱さがそこに同調して美しさを感じる。だから、虫の声を聞いてフッと涙が出るわけです。別にセンチメンタルな気分でもなんでもないはずなのに、『源氏物語』の登場人物たちはそんなときに涙を流すんです。

最近、知り合った芸術をやる日本人女性がいますが、彼女は戸外へ出て空気と話をするのが好きだというんです。どこかおかしいんじゃないか、とかつてならば思ったんですが、いまではそれはよくわかるような気がするんです。

以前に本にも書きましたが、田舎道を歩いていて、道端にしゃがんで花に話しかけているおばあさんを見たことがあるんです。可愛いわね、がんばってね、と言って、花の言葉を聞いているかのように、ウンウンとうなずいていました。本当に会話をしているかどうかはわかりませんが、そういう向き合い方をする、できる、ということが日本人の特異なところじゃないでしょうか。ですから、空気と話ができるという日本人がいても、それほど不思議ではないと思います。

他のアジア人はどうなのか――渡部

たしかに日本人にはそんなところがありますね。他のアジア人にはないんでしょうかね。

中華文明圏の韓国・中国とは感受性が違う――呉

独断になりますが、少なくとも韓国人と中華文明圏の人たちにはないと思います。考えすぎかもしれませんが、日本人ビジネスマンたちが現地の人たちとの齟齬《そご》にイライラするのは、そうした自然（もの）に対する感受性が違うからではないか、とそう思ったりするんです。

ヨーロッパの教会は森の木を切り払って建てた──渡部

ドイツには、ボニファチウスというドイツのペトロン・セイント、つまり、保護の聖人の有名な話があるんです。──ゲルマン人が信仰している大きなカシの木がガイスマールというところにあった。それを切って見せて、ほらバチがあたらないだろう、と言ったという話なんです。

それが象徴的に物語っていることは、ヨーロッパの教会は森のなかに建てるのではなく、森の木を切り払って建てるということなんです。日本は必ず森のなかに神社を建てますね。

そのへんが、呉さんが言われたように、日本の前近代的というか、前アジア的というところなのかもしれません。

それにしても、呉さんの神社発見の話は圧巻ですね。

植物的な日本人――呉

とても発見なんて言えるものではなく、何とか手を触れられたかな、という程度のものなんです。

もう一つ私が思うのは、日本人とは実に植物的な人たちだということです。命の感じ方がそうなんです。日本にこれだけ緑がたくさん残されてきたのは、単にエコロジー的な考えからでもないし、また気分がいいというだけではないと思います。どう考えても、植物に対する信仰があったからだろうと思うんです。東京のなかにもこんなに緑が多いのは、公園というよりは、やはり神社の森を残してきたからです。これは現代的な環境問題ではなく、信仰によって残ったものですね。神社の森はほとんど手を加えていませんね。

鎮守の森に手を加えてはいけない――渡部

手を加えてはいけないんですね。ですから、鎮守《ちんじゅ》の森にはいろんな木があるんですね。杉だけを植えるとかいうことはしないんです。専門家に言わせても、鎮守の森の植生はいろいろと興味深いものらしいんです。

腐り始めた古木にお金をかけて手当てする理由――呉

神社ではよほどのことがない限り、枝も切らないそうですね。京都の平安神宮に行きまして、神主さんにお庭を案内していただいたことがあるんです。お庭には立派な松の古木がありまして、それが最近、腐り始めて大変だということでいろいろ手当てをしたそうですが、大変なお金がかかるそうです。

それで私が、「そんなにお金がかかるならば、新しい木を植えたほうがいいんじゃないですか」と言ったんです（笑）。神主さんは驚いて、「えっ？　とんでもない」と言われるんです。「なぜですか、信仰からですか」と聞きますと、「もちろん、自分たちには信仰だけれども、信仰から離れてみても、この木を植えた人の気持ちが、新しいものにすれば伝わらないでしょう、ですから他の木と代えることはできない」と言われるんです。「そうすると、この木を命と考えているんですか」と聞きますと、「そのとおりです」とおっしゃっていました。

上海の裏通りを歩いていましたときに、同行の日本人が「なんでみんな緑を置かないのかなあ」と言うんです。私が「こんな貧困地域では緑どころではないでしょう」と言いますと、その方は貧乏とか貧困とかは関係ないと言うんです。ああ、日本人ならばそうなんだな、とあらためて気がつきました。

韓国でも、最近は生活に余裕ができてきましたから、家のなかやベランダに植木を置くんです。生活に余裕のなかった時代には、植木を買ってきて置くなんて、まずやりませんでした。

貧乏でも緑は欠かさない——渡部

日本では貧乏な家でも、家の前の路地などに草木を植えたり、粗末な植木を自分たちでつくったりしたもんです。

昔の韓国の農家は庭に木を植えない――呉

古い韓国の農家などでは、庭には木を植えませんでした。庭は神様の行事をやる場所で、何もない広場になっていました。そこで農作業などもやるんですけれど。たまに大きな木がある庭があるんですが、それはシャーマニズムの行事で神を降ろすための木で、その木を切るのは怖いんですね。そういう自然信仰的な部分は残っているものの、一般にはあくまで人間中心ですね。

日本人のなかに古い原始感覚が生きている――渡部

明治天皇は日本の近代化を進めた偉い天皇ですが、この方が亡くなったときに、日本中から木を集めて明治神宮を造ったんです。いま見る明治神宮の森は、明治天皇が亡くなったときに植えたものです。近代化の象徴であった天皇が亡くなられたら、世界的な大都市のなかに森ができたわけです。

これも、日本人のなかに前アジアと言いますか、ものすごく古い原始感覚が生きているることの表れでしょうね。私はそれを原始の尻尾と言っています。日本人には原始の尻尾がついているんですね。

援助するときに主体を消す日本の美学――呉

まさにそうですね。そういう日本人の自然観は、人間関係に大きな影響を与えているように思います。日本人の感性にはどこか、人間の力を自然の力と感じたがるところがあるんじゃないでしょうか。日本人が尊重する心の美学とか美意識とかの内容の多くが、どうもそういうものではないかと思うんです。

たとえば、困った人を助ける場合、日本人は相互扶助の精神を強調します。これはアジアの古い共同体の精神に由来するものだと思いますが、私は助ける人、あなたは助けられる人、という一方的な関係に立ちたくないという人が多いように思うんです。私の体験からいっても、一方的に助ける側に立たなくてはならないとき、日本人はきわめてシャイになります。誇りをもって堂々と助ける側に立つ、ということに何だか恥ずかしさを感じていますね。ある意味では、よくないことだとすら感じているんじゃないでしょうか。対等な関係を崩したくないからじゃないんでしょうか。だから、そういう立場に立てるのは自然の力とか神様の力なんだと、そうしたい気持ちがどこかにある。援助については主体を消す、あるいはできるだけ小さくするということ、それが美意識ともなっているように思うんです。それは、ボランティアとか途上国援助とかの面にも表れているんじゃないかと思うんです。日本はまったくやっていない、不十分だと、しばしばそういう声を国内外で聞きますが、なぜか目立たないんですね。

宣伝しないから援助したことが知られない――渡部

途上国援助では世界一なんですがね。宣伝がヘタだということもあるでしょうね。でも、長い間つきあっていけばわかってもらえてくるんです。インドでは、昭和天皇が亡くなられたとき、七日にわたって弔旗《ちょうき》を掲げました。なぜそれほど敬意を表するのかと言いますと、かなり援助をしているからなんです。まったく目立ちませんが、政府の人たちはよく知っているんです。騒いでいる人はだいたいそういうことを知らない人なんですね。

タイでもインドネシアでも、橋を架けたりなどだいぶしているんです。でも、これは日本が架けました、なんて宣伝しないほうがいいということで、多くの人は知らないんです。

相手の心に負担を与えない援助——呉

聖書に、「右手がやっていることを左手にはわからないように」とありますが、日本人の美学として、援助は援助される当事者に心の負担を与えないようにやる、というのがあると思うんです。相手の意向も聞かずに一方的に手を差し伸べるのは失礼だ、相手の誇りを傷つける、といった気持ちを感じるんです。そこで、できるだけ相手が気がつかないように助けるとか、第三者にはわからないように密かに助ける、というような気の使い方をするように思います。

天然痘撲滅に笹川財団が果たした功績は大きい――渡部

天然痘が世界からなくなったことについては、笹川財団（日本財団）の果たした役割がきわめて大きいんです。しかし、そのことを知っているのは世界ではＷＨＯ（世界保健機関）くらいです。だから笹川さんの銅像がジュネーブに建っているんですが、多くの人はそれを知らない。インドからハンセン病がほとんどなくなったのも、笹川財団の功績が大きい。笹川財団は日本では一番パフォーマンスをやるところですが、それでもあまり知られない。日本国自体はその何倍もお金を出しているんですが、これもまたあまり知られていないですね。

寄付者の名前が新聞に載る韓国――呉

韓国では、災害があってそれに企業が支援金を出したり寄付をしたりしますと、新聞にズラッと企業名が並ぶんです。どこどこの企業の会長がいくら出した、と。台湾でもそうだと聞きました。それを見て、誰も卑しいなどとは思いません。立派な人だなあとなります。

個人の名前を出さない日本――渡部

日本では逆なんですね。笹川財団がたくさんいいことをしたのに、自分でいいことをしたと言うのはけしからんということで、笹川財団という名を政府から消させられたんですよ。ですから、いまは日本財団という名なんです。松下幸之助さんもいろいろな研究に対して、ノーベル賞に匹敵するくらいのお金を出しているんですが、松下賞なんていう名称はないんです。京セラもそうですが、京セラ賞とは言わずに京都賞とか、そんな名を使っているんです。いいことをしても個人の名を出させない、というのが日本なんですね。

神様が恵んでくださったと考えたがる傾向――呉

援助した者は誰か、援助された者は誰か、それをはっきりさせないと、本当の意味での相互関係にはならないのではないか、という正論はあると思います。かと言って、やたらに援助した、援助したと言えば売名行為となってしまう。援助は、具体的には個人や企業や国などが主体となってやるわけですが、日本人の場合は神様が恵んでくださったものと考えたがる傾向がありますね。人知れずそっとお金を置いていって、そのお金をもらった人は「きっと神様が助けてくれたんだ」と思う。そういうのが、援助をした人にとっても援助を受けた人にとっても喜びとなる、そうなんじゃないんですか、日本人は。

宣伝しなくてもわかるだろうという変な思い込み――渡部

日本は島国で長い間、生きてきましたから、宣伝しなくとも結局わかるだろうという変な思い込みがある。それはよくないことなんですね。

たとえば済南《さいなん》事件、つまり一九二八年の五月に中国国民党軍が山東省に入って日本人を二十人以上も虐殺し、被害人員四百人に及んだ事件のときに、日本人は世界中のカメラマンを呼んで写真を撮らせるべきだったんです。また、盧溝橋事件の三週間後に起きた通州事件では、残虐きわまりない状態で日本人が二百人くらい殺されています。そういうのを全部、写真に撮らせたらよかったんです。

ところが、死体の写真を撮るなどは死者への礼儀に反するとか言ってやらないものだから、世界のマスコミに伝わらないんです。殺されたうちのおそらく半分はコリア人ですよ、当時は日本人でしたがね。女性はみな辱《はずかし》められて酷《ひど》い状態だったんです。その写真を出すべきだったんです。呼びかければ、世界中のマスコミが飛んでいったはずなんです。

ところが、日本軍はそれは恥を晒《さら》すことになると言ってやらなかった。それで日本はどれくらい損をしたかわかりません。おかげで、シナ事変は日本軍が勝手に始めたことになってしまった。ものすごく宣伝がヘタなんです。

韓国人でもそうだと聞きましたが、私たちは子どもの頃、シナ人は夫婦喧嘩する時には表へ出てするということを聞きました。それは派手に延々とやるそうです。私はそれを聞いて、なんてみっともない、家のなかでボカンとやればいいじゃないかと思ったんです。武士はじっと我慢することが大事で、いよいよとなったら刀を抜いてやるべきことをやればいい、そんなにワイワイするのははしたない、という美学みたいなものがあるんです。しかし、国際的にはワイワイやったほうが宣伝になるんです。

当人にわからないように援助する日本人――呉

私が日本で経済的に困っていたときに、仲のよい日本人に助けてもらいたいな、と思ったことがありました。韓国人ならば、友達が困っていたりすればすぐにお金を貸そうか、とか言ってくるんです。でも、その日本人の友達は私が困っていることを知っていながら全然、助けてくれようとしないんです。

それで寂しい思いをしていましたが、あとになって、裏から手を回して助けてくれていたことを知りました。第三者を介して、私に仕事を回してお金が入るようにしてくれたんです。私は、その人の手配だとはまるで気がつきませんでした。その間、その友達は私と会いながらもそんな素振りはまったく見せないんです。そういう形で援助された体験がたくさんあります。

あとで知って心のなかで感謝する、とそういう体験は日本人との間では何回もあります。そういう体験をするたびに、私は韓国にも遠い昔にあったことのような感じがしてくるんです。たしかにそういう美学が韓国にもあったはずだ、とそう思うんです。

韓国で見えにくくなった美学が日本ではっきりと生きている――呉

新羅の時代に、貴族の子弟たちが武と文を学ぶ集団があったんです。花郎《ファラン》と言いますが、この花郎精神が葉隠精神と言いますか、日本の武士道とよく似ているんです。そういう伝統が意識のうえでは微《かす》かに流れてはいますから、現代の日本でまさしくそうした精神・美学と出会ったとき、唖然《あぜん》としたのです。えっ、韓国ではとっくに死んでしまったはずの古い時代の精神がいまだに生きているなんて、いったいどういうわけなのだろうか、とそう思いました。

日本は韓国の何年も先を行く近代国家ではないか、そうならば、そういうものは消えていくのが普通ではないか、韓国ですらなくなっているのに、なぜこんな超近代都市の東京で生きているのか、ととても不思議な感じがしました。

島国だから古いものが残る性質がある――渡部

島国だからでしょうね。仏教も韓国ではほとんど残らなかったですが、日本ではたくさん残りましたね。神社もそうですが、日本は島国ということで古いものが残る性質があるんだと思いますね。

韓国でなくなったものと日本でなくなったもの――呉

日本人には、韓国へ行くと日本にはなくなってしまったものを感じる、という人がよくいますが、私はまったく逆に感じるんです。韓国に残る古い日本とは田舎人の素朴さや情ではないかと思いますが、私は日本の大都会の真ん中で、ああこれは、韓国の古い時代に生きていた心の美学ではないかな、とそんな感じをずっと受けつづけています。

あとがき

私は一九九〇年末に最初の本を出してからの数年間、習慣・習俗・人間観・価値観・宗教性などの面から、大きくは文化や地域性の面から、日本人と韓国人の違いを語ることに徹してきた。私はそれらにかかわる日々の実際的な生活体験を通して、それまで見えていなかった「日本」が見えるようになっていった。だから、そこを踏まえての発言こそ私の役割だと思ったからである。私の大学院での専攻も地域研究《エリアスタディ》であり、政治や経済それ自体は、私が分野とするところではないという思いも強かった。

本書の一章から三章までがいまから二十年前の、四章から八章までが十七年前の対談からの採録である。この二回目の対談が、右のような方針に則り発言する最後の本となった。その翌年、近代日韓関係政治史の分野に入る本を書き、以後は政治や経済についても発言するようになっていった。

なぜそうなったのかというと、渡部昇一さんとの最初の対談を通して、私が戦前の日韓関係史について、ほとんど上っ面の知識しか持ち合わせていないと痛切に感じさせられたからだった。

とくに日韓併合については、私にはまるで見えていない歴史相が厳然としてあると思い知らされた。そこを渡部さんは、「正直に言いまして」「あまり言いたくないのですが」「日本側の言い分としては」とわざわざ枕を置いて注意を喚起され、率直に語って下さった。ことごとくが以後の私の課題となり、自分でいうのもおかしいが、猛勉強につぐ猛勉強を重ねることになってしまった。そのお陰で、結果的に政治や経済の面にもいくらか入り込む何冊かの本を書くことにもなったのである。

対談で渡部さんが与えて下さった示唆の多くは、あの当時、手近に読める書籍からたやすく知れることではなかったと思う。現在からすればとても信じられないかも知れないが、韓国に厳しいことを言う人はきわめて少なく、総督府の朝鮮統治についても、韓国の主張と真っ向からぶつかるような議論はそうそう見られるものではなかった。有力紙が北朝鮮へのシンパシーを記事のなかで示すのも珍しいことではなかったのである。

しかし、朝鮮半島をめぐる言論環境は、当時といまとでは大きく違っていたし、日韓関係は九三年にはじまる文民政権以降も悪化の一途をたどり、現在に至っている。なぜそうなったのか。韓国歴代の政権が「親日」の芽を執拗《しつよう》に摘《つ》み取り続け、「反日民族主義」の強化ばかりに努めてきたからにほかならない。これは、近代朝鮮が自ら独立の芽を摘み取り続けてきたのとそっくり同じではないかと思っている。自ら、自らを狭《せば》めて自立の不可能性へと、自らを追い込んでいるのである。

九七年末の通貨危機によって、韓国は経済的な自立が不可能となった。そしてIMF管理下に入って以降、韓国は大きく変化した。

その第一は、ようやく社会の表に出はじめた韓国人の自己反省、なかでも「併合時代の日本統治を評価する言論」を、金大中・盧武鉉の二代にわたって徹底的に弾圧し尽くして社会から抹殺していったことである。これによってその類の言論は一切、現在に至るまで社会の表に登場することがない。もちろん、社会的抹殺の危険性が大だからだ。その第二が社会的格差の極端な拡大である。

二〇一三年三月、韓国では朴槿惠《パククネ》政権が発足した。韓国が今後、どのような政策運営を行うかはいまだ不明だが、日本のメディアのほとんどは朴槿惠の大統領就任を好意的にみた。「日韓関係は改善が期待できるに違いない」と。

その大きな要因は、父親の朴正煕《パクチョンヒ》元大統領が、日本の陸軍士官学校を卒業(五十七期相当）しており、六三年に大統領に就任後、六五年には日韓基本条約を締結して日本との国交回復を果たしたことにあるだろう。この経緯から、父親は「親日的だろう」とイメージし、娘の朴槿恵にそれを重ねて期待するのだと思う。

だが、これは大きな勘違いである。朴元大統領は十六年ものあいだ政権を握り、いわば独裁主義を採ってきたが、韓国ではこの時代に最も強烈な反日教育が行われたのである。たしかに朴元大統領は、個人的には日本が好きだったかもしれない。だが、国内では反日教育を徹底させ、それによって、韓国人の反日感情が確固たるものとなり、現在に至っているのである。娘ということをいうならば、彼女は反日教育を徹底させた大統領の娘といわなくてはならない。また、彼女は当時の一般の韓国人同様に、朴政権による強固な反日教育を受けた世代の一人である。これまでの発言からしても、独自の思想性はまるで見ることができない。そのことをはっきりと押さえ、今後の日韓関係を見定めていかなくてはならないだろう。

平成二十五年三月

呉　善花

本書は、徳間書店より発刊された『日本の驕慢　韓国の傲慢』（一九九三年三月）、『韓国の激情　日本の無情』（一九九六年七月）を再編集し改題・改訂した新版です。

渡部　昇一（わたなべ・しょういち）
上智大学名誉教授。英文学者。文明批評家。1930年、山形県鶴岡市生まれ。上智大学大学院修士課程修了後、独ミュンスター大学、英オクスフォード大学に留学。Dr.phil., Dr.phil.h.c.（英語学）。第24回エッセイストクラブ賞、第1回正論大賞受賞。著書に『英文法史』などの専門書、『文科の時代』『知的生活の方法』『知的余生の方法』『アメリカが畏怖した日本』『「修養」のすすめ』『「日本の歴史」①〜⑦』『読む年表 日本の歴史』などの話題作やベストセラー多数がある。

呉　善花（お・そんふぁ）
拓殖大学国際学部教授。1956年、韓国・済州島生まれ。1983年に来日し、大東文化大学（英語学専攻）の留学生となる。その後、東京外国語大学大学院修士課程修了。著書に『攘夷の韓国 開国の日本』（文藝春秋、第5回山本七平賞受賞）、『スカートの風（正・続・新）』（三交社、角川文庫）、『韓国併合への道』（文春新書）、『日本人を冒険する』『日本的精神の可能性』（以上、PHP文庫）、『私は、いかにして「日本信徒」となったか』『「見かけ」がすべての韓流』『虚言と虚飾の国・韓国』（以上、ワック）など多数。

「近くて遠い国」でいい、日本と韓国

2013年４月30日　初版発行
2013年６月４日　第３刷

著　者　渡部　昇一・呉　善花

発行者　鈴木　隆一

発行所　ワック株式会社
東京都千代田区五番町 4－5　五番町コスモビル　〒102－0076
電話　03－5226－7622
http://web-wac.co.jp/

印刷製本　図書印刷株式会社

ISBN978-4-89831-677-1

好評既刊

「見かけ」がすべての韓流

呉 善花

B-160

韓流に騙される日本人たち。ルックスがすべてを左右する韓国――「整形共和国」が生んだ「韓流」と「日流」の違いを余すところなく紹介！韓国の本当の姿とは⁉

本体価格八九五円

私は、いかにして「日本信徒」となったか

呉 善花

B-130

韓国で教わった日本と実際の日本は大きく違った。留学生として来日した著者が、日韓の狭間で思い悩みながらも、いつしか日本定住を決意する。感動の半生記！

本体価格九三三円

虚言と虚飾の国・韓国

呉 善花

B-169

反日民族主義、歴史捏造、エゴイズム……。ウソで自らを飾り立てる韓国は、社会崩壊の道を突き進んでいる。集団利己主義国家、韓国の真実とは⁉

本体価格八九五円

渡部昇一ベストセレクション刊行!

政治①
税高くして民《たみ》滅び、国《くに》亡ぶ

増税国家が衰退するのは、歴史の鉄則! いよいよ日本の中産階級の没落が始まる!

本体価格一六〇〇円

歴史①
日本は侵略国家だったのか「パル判決書」の真実

「東京裁判」は儀式化された復讐で、昭和の大戦は、マッカーサーも認めた「自衛の戦争」だった!

本体価格一六〇〇円

歴史②
ドイツ参謀本部

国家や大企業にも大きな影響を与えたドイツ参謀本部。史上最強の「集団組織」の本質を解明!

本体価格一六四〇円

歴史③
渡部昇一の古事記

編纂一三〇〇年目、日本人が知っておきたい日本の歴史・神話の故郷――古事記の謎を解く!

本体価格一六〇〇円

対話①
いま、論語を学ぶ

渡部昇一/谷沢永一

当代一流の二人の読書家が、究極の人生論である『論語』を座談形式で分かり易く面白く解説!

本体価格一六〇〇円

人生①
「繁栄の哲学」を貫いた巨人 松下幸之助

パナソニック再建のカギは、創業者・松下幸之助の哲学にある!

本体価格一六四〇円

※価格はすべて税抜です。

本著作集(渡部昇一ベストセレクション)は、2012年2月末を第1回配本とし、以後、順次発刊となります。発刊品目は、それぞれ、歴史・哲学・文化・人生・政治・対談の6ジャンルです。